cette belle cadence, Boileau, urbain enragé et humaniste médiocre, qui n'a jamais aimé, vraiment, ni la nature ni les anciens.

Telle est la leçon qui se dégage de la lecture de cette étude, pleine de science minutieuse et appliquée, sur Pierre de Ronsard, publiée pieusement par les fils de ce M. Jean Martellière, « Vendômois » lui-même, et l'un de nos bons « ronsardisants ».

A cette leçon déjà si belle, la connaissance du pays ajoute quelque chose : allons donc plus outre. Ronsard est Vendômois, Ronsard est de Couture, il est né à la Poçonnière : il a borné, lui-même, son champ paternel non loin des deux « tertres » de Troô et de Lavardin, il est le fils de la forêt de Gâtines. Bien !

Mais ce profond enracinement dans la terre paternelle ne lui a-t-il pas permis d'y puiser de ces très anciens sucs qui forment les familles, les descendances et les races? Nous connaissons le pays de Ronsard : tâchons de dire, maintenant, quel était son sang et quels étaient les ancêtres, — non pas si lointains (car il s'agit de quelques siècles au plus), — dont il tenait sa nature et quelque chose de son génie.

La forêt de Gâtines faisait partie, depuis la plus haute antiquité, d'une immense contrée qui, partie boisée, partie défrichée, partie en ronces, en « dégât », en « désœuvre », comme on disait au moyen âge, servait de marche aux trois grands pays gaulois, d'entre Loire et Loir, les Turons, les Cénomans, les Carnutes.

Cette contrée portait, dans son ensemble, le nom de Blimart. *Blesis marca :* « la marche du Blésois » : nom qui a subsisté dans quelques appellations locales (Saint-Cyr en Blimart): nous savons que les grands défrichements ont commencé seulement au temps de l'évangélisation de cette contrée, notamment par les moines de Tiron, de Marmoutier et de la Trinité de Vendôme.

Précisons pour ce qui concerne spécialement la forêt de Gâtines. Son nom se rattache mées derrière leurs marches dévastées, parcourant les bois, défrichant quelques coins de terre dont elles faisaient leurs vergers, entretenant tout au plus les sentes des forêts et ce qui pouvait subsister des rares routes romaines, elles étaient restées fortement autochtones et jouissaient d'une pleine indépendance. Comme leurs voisines, les tribus bretonnes et cénomanes, elles étaient les survivantes et les descendantes directes et de sang non mêlé des vieilles races gauloises.

Ceci n'est pas à démontrer pour qui connaît le pays. Faire l'ascension de la colline de Troô, pénétrer dans les immenses cavernes qui la creusent comme une ruche, y recueillir les traces nombreuses des habitations troglodytes, interroger le mystérieux « puits qui parle », c'est revivre la vie de nos plus lointains ancêtres. Or, qu'étaient-ils aux anciennes années du moyen âge, à l'époque où saint Aldric entreprend les premiers défrichements, à l'époque où les Ronsard commencent la garde héréditaire de la forêt de Gâtines? Ils étaient restés Gaulois de corps et d'âme : on ne voit aucune circonstance qui ait pu briser cette descendance certaine.

Les Carnutes, qui avaient soulevé la vieille Gaule contre César, furent, en quelque sorte, pareils à eux-mêmes pendant des siècles. Ils adoraient toujours les arbres et les fontaines, puisque les conciles condamnaient encore ces cultes qui ne voulaient pas disparaître. Les ancêtres de Ronsard descendaient de ces anciens occupants. Cinq ou six générations séparent les premiers d'entre eux dont on connaît les noms, des anonymes colons de la forêt. Si, comme M. Martellière le démontre d'une façon irréfutable, la fable d'un Ronsard venu de Thrace est de nulle valeur même légendaire, les Ronsard sont donc, comme toutes les familles des bois, de très vieille souche, — de très vieille souche locale.

Ainsi Ronsard, né en la marche de Couture, au point où s'est placée, de tous temps, la limite des Cénomans et des Carnutes, tient son ascendance ininterrompue de la contrée où ses ancêtres vécurent: et nous sommes logiquement amenés à reconnaître en lui un vrai et authentique Gaulois.

*
* *

Cette captivante vallée du Loir est une des retraites les plus anciennes et les plus énigmatiques de la vieille terre française : non seulement les populations qui l'habitent ont survécu, mais elles n'ont pas changé. Le pays est le même, les corps sont les mêmes, les âmes sont pareilles. Une observation attentive arriverait peut-être à déterminer leurs traits : race ancienne, affinée, quelque peu usée, délicate, tourmentée, avec certains indices d'une sorte d'affaiblissement musculaire, et une prédominance frappante du système nerveux : émotivité, vivacité, exaltation, résignation, susceptibilité maladive, telles sont les caractéristiques où se perpétue peut-être l'atavisme des vieux buveurs de vin : on trouve en eux un je ne sais quoi d'intermédiaire entre la belle humeur tourangelle et la mélancolie bretonne. Race bien vieille, bien vieille, certes, et à cause de cela. sans doute. sensitive. émotive, — une race de poètes.

S'il fallait énumérer tous les poètes qui sont venus de ce rivage depuis Jacques Peletier du Mans jusqu'à Desportes. depuis Ronsard jusqu'à Racan. les noms tomberaient en foule sous la plume. Entre Loire et Loir se place l'Athènes de la Renaissance française.

Ces âmes sont poétiques à la fois par l'ardeur virile et par l'inquiétude nerveuse ; quand l'âge apporte la tristesse des désillusions, un abattement résigné succède soudainement aux belles folies de la jeunesse : la vie présente ainsi l'alternative subite et brusque des deux extrêmes : la turbulence au souffle court et les désespérances qui sont promptes. Poètes et parfois grands poètes, parce qu'ils sont de grands nerveux.

Si c'était ici le lieu de reprendre la carrière de Ronsard telle que l'ont fixée définitivement les recherches modernes et à laquelle M. Jean Martellière apporte. comme on dit. une « con-

tribution » si précieuse, on serait frappé de
cette étonnante gravité de l'enfance, de ces
impressions profondes et à jamais durables
que l'exilé emporte d'un pays dont il s'évade
à peine adolescent, on le suivrait dans ses
voyages aventureux, en Écosse, en Allemagne,
en Flandre : on s'étonnerait de cette assurance
qui, à moins de trente ans, le plante en face
de son siècle et de la postérité : on s'attristerait
de cette surdité précoce qui signale de bonne
heure l'usure des vieilles races ; puis on s'é-
tonnerait de ces caprices, de ces sautes de
vent et de vie, de « ces emballements » successifs qui, même dans son art, le portent vers
des sujets et des rythmes si divers.

Cette « nervosité ancestrale », cette sensibilité d'une race ancienne, délicate et fatiguée
du long poids des siècles... mais c'est tout
Ronsard ; il n'est pas un de ses vers, quand ils
sont vraiment à lui, qui ne respire ces caprices
alternatifs, ces ardeurs extrêmes, cet épuise-
ment précoce, ces douloureuses et navrantes
mélancolies.

Relisons les vers admirables, la confidence

sublime que, peu de temps avant sa mort, il adresse à Hélène de Surgères :

Si c'est aimer, Madame, et de jour et de nuict,
Resver, songer, penser le moyen de vous plaire,
Oublier toute chose et ne vouloir rien faire
Qu'adorer et servir la beauté qui me nuit,

Si c'est aimer, de suivre un bon-heur qui me fuit,
De me perdre moy-mesme et d'estre solitaire,
Souffrir beaucoup de mal, beaucoup craindre et me taire,
Pleurer, crier merci et m'en voir esconduit :

Si c'est aimer de vivre en vous plus qu'en moy-mesme,
Cacher d'un front joyeux une langueur extréme,
Sentir au fond de l'âme un combat inegal,
Chaud, froid, comme la fiévre amoureuse me traitte :

Honteux, parlant à vous, de confesser mon mal :
Si cela c'est aimer, furieux je vous aime :
Je vous aime, et sçay bien que mon mal est fatal :
Le cœur le dit assez, mais la langue est muette.

* * *

Ces vers sont de Ronsard : ils pourraient être d'Alfred de Musset.

Alfred de Musset est, lui aussi, un poète de

la vallée du Loir. Musset, comme l'ont établi les recherches de M. de Saint-Venant (autre travailleur de province!), a dans ses veines du sang de Ronsard, et, comme le démontre M. Martellière, il descend en ligne directe de cette Cassandre Salviati qui fut la « Laure » aimée du poète vendômois. Tandis que les Ronsard fondaient leur foyer à Couture et à la Poçonnière, les Musset s'établissaient à Bonaventure, à quelques lieues en amont sur la rivière. Les Ronsard et les Musset étaient vassaux des Bourbon-Vendôme et il n'est pas surprenant que la légende ait attribué à Ronsard la fameuse chanson

La Bonne aventure
O gué,

qui aurait été improvisée par lui, dit-on, dans les beuveries du château-ferme de la Bonaventure « au gué du Loir ».

Donc, les origines sont les mêmes, la race est la même….et l'inspiration est la même. Musset, lui aussi, est un Gaulois pur sang : car ses ancêtres existent dans le pays non moins anciennement que ceux de Ronsard. Ceux-là non plus, depuis la naissance de l'ère nouvelle, n'ont pas bougé.

Quoi d'étonnant si nous retrouvons, sur la figure du romantique tard venu au xix° siècle, quelques-uns des traits qui nous ont frappé sur celle de l'humaniste éclos dès le xvi° siècle? Certes, il y a, dans la formation d'Alfred de Musset, quelque chose de particulier et qui détermine son caractère propre. Ce château de Bonaventure où s'était écoulée son enfance, il le quitte de bonne heure : un père d'une situation assez douteuse, Musset-Pathay, a laissé la mère, veuve, dans l'embarras : celle-ci vient avec ses enfants s'enfermer dans un étroit appartement de Paris, et elle y mène la vie douloureuse de la parcimonie forcée, et des journées sans sécurité. Dans la vallée du Loir, on était des seigneurs : à Paris, on est de pauvres gens perdus dans la forêt des hommes. Quel contraste! Quelles désillusions, disons le mot, quelle déchéance! Alfred de Musset est un déraciné, un désabusé, un désenchanté. « Enfant du siècle », soldat manqué après les

guerres de l'Empire, comme Ronsard après
les brillantes espérances de ses années d'É-
cosse, il retombe dans la plate vie du jour le
jour. Mais l'un et l'autre sont des poètes. l'un
et l'autre ont gardé au cœur la sensibilité nerveuse, l'émotivité à la fois prompte et lucide.
la vivacité des impressions et de l'expression.
la grâce et la gentillesse, la franchise. l'esprit.
la bravoure des vieilles races. des races raffi-
nées. Tous deux. fils de bonne mère. ils gar-
dent, de la gauloiserie ancestrale. le rein. le
nerf et le trait qui font le ressort et l'éclat. et
puis, et surtout. le goût de la beauté. le génie
du rythme où toute la vieille inspiration repose.

Est-ce trop hardi que d'essayer de déterminer, d'après ces deux hommes exceptionnels.
unis par leurs origines. qui ont reçu le même
sang et qui se ressemblent comme deux frères.
certains traits du tempérament ancestral. du
tempérament gaulois? Je sens comme le terrain est peu sûr, ou du moins peu exploré.
Je n'ose aller plus loin. Cette psychologie
des lointains ancêtres n'a pas été étudiée: je
crains de me risquer : il serait permis cepen-

dant d'en retrouver, avec un peu d'attention, sur cette terre intacte, les premiers traits et même certains caractères frappants.

Quand une âme de poète s'est montrée à nu, on peut bien lui demander son secret. La vie, les mœurs et surtout les œuvres d'un grand homme sont d'inappréciables *documents*.

Nous sommes à la veille du centenaire de Ronsard. Que les sceptiques et les critiques, après avoir lu l'ouvrage de M. Jean Martellière, se rendent donc dans la vallée du Loir, qu'ils la parcourent avec émotion, avec piété; qu'ils montent à la sainte et druidique colline de Troô, qu'ils visitent le sourcilleux Lavardin, qu'ils s'arrêtent devant les saules de « l'Isle Verte », qu'ils passent la rivière à « la Bonaventure, ô gué » ; qu'ils aillent à Couture, qu'ils entrent à la Poçonnière, qu'ils cherchent les derniers débris de la forêt de Gâtines et les ultimes ronciers de la forêt de Blimart; en un mot, qu'ils mesurent de leurs pas et qu'ils sondent de leur rêve la terre de Ronsard et de Musset :

Ciel, aer, et vents, plains et mons découvers,
Tertres fourchuz et forests verdoyantes,
Rivages tors et sources ondoïantes,
Taillis rasez, et vous bocages vers....

et peut-être finiront-ils par reconnaître que,
sur cette vieille terre, la vieille race est des
plus hautes parmi celles qui sont répandues
dans l'univers. Ceux qui viennent d'elle, en
droite ligne, nous reportent très loin au fond
des âges. Quoi d'étonnant si, affinée par une
si longue durée et une si lointaine culture,
elle a produit de si beaux, si bons poètes?

Gabriel HANOTAUX.

D'UN SEIGNEUR DE LA POISSON-
NIÈRE EN 1293. DE QUELQUES
SEIGNEURS DE PONCÉ ET DES
ORIGINES DES RONSARD.

D'un seigneur de la Poissonnière en 1293. De quelques seigneurs de Poncé et des origines des Ronsard.

Dans le numéro de septembre 1904 des *Annales Fléchoises,* M. l'abbé Louis Froger, qui a illustré son nom par la précision de ses renseignements sur Ronsard, a publié un document, daté de juin 1293, qui nous donne le nom d'un seigneur de la Poissonnière à cette époque.

Jusqu'à présent, nul, comme il a raison de le dire, n'avait pu remonter plus haut que « l'ancêtre assez douteux » dont se targuait le poète, à savoir ce Baudouin, fils puîné d'un bano de Moravie, qui aurait reçu la Poissonnière et « des biens à suffisance » des mains de Philippe VI de Valois (monté sur le trône en 1328, mort le 22 août 1350).

Nous nous en doutions déjà : le roi de France ne possédait pas, au début du xivᵉ siècle, « sur les rives du Loir » des biens à distribuer à ses soldats. D'ailleurs, l'armorial de Maude signale (*Bulletin de la Société archéologique du Vendômois*, 1866, page 216) une transaction passée le 4 juillet 1317 entre Gervais et André de Ronsard. Il faut en prendre son parti, maintenant que nous voici dotés d'un seigneur de la Poissonnière en 1293.

Olivier de la Poçonnière (mettez au c la cédille que le scribe a oubliée pour ce mot comme pour celui de Ponçay), écuyer, vient d'épouser Jehanne, fille de *Félippe* Tyecelin [1].

Ce dernier a donné en dot (au mari, dit le scribe étourdi) son *estre* de Connillon et son *estre* de la Turcandière (aujourd'hui Durandière) et leurs dépendances immobilières et féodales, situés paroisse de Saint-Martin de Cergé (Sargé-sur-Braye).

Mais ces deux *estres* sont en les *feiz* de *Félippe* de Ponçay, chevalier, seigneur de Conflans, et son vassal Tyecelin ne peut se *devestir* de ses obliga-

---

1. Cf. ci-après, p. 102.

tions, changer le propriétaire ou le détenteur des fiefs, « sans l'assentement » du suzerain. Il le supplie donc, tant et si bien qu'à la parfin le suzerain consent, et accepte Olivier, le gendre, comme vassal, avec les obligations imposées à son beau-père.

Par un autre acte postérieur, dont la date n'a pu être lue, Hue ou Huet de Poncé, fils de Philippe, confirme cet acte.

Les de Ponçay, les Tiercelin, « ce sont là deux familles qui, pour être très anciennes dans notre région, n'en sont pas mieux connues », dit M. Froger.

Essayons, au moins pour les Ponçay.

En février 1261, Philippe de Poncé, chevalier, prévôt de Vendôme, du consentement de sa femme Isabelle, donne au recteur de la maison-Dieu de Vendôme et aux frères d'icelle dix deniers de ceux qu'il avait droit de prendre sur une maison et appartenances sises dans la rue Saint-Jacques, contiguë à la grange de Pierre Sorre (*Inventaire des titres de la maison-Dieu*, page 4, archives départementales de Loir-et-Cher).

Contiguë de quel côté? Le texte n'en dit rien. Mais, en revanche, je connais très bien Pierre

Sorre et sa grange. Pierre Sorre était qualifié *burgensis vindocinensis* dans une charte de 1267 (charte 317 du *Cartulaire blésois* et 49ᴬ du *Cartulaire vendômois* de Marmoutier). Et en 1481 on disait encore, au lieu de la rue Saint-Jacques, « rue de la Sorée ». Quant à sa grange, elle était possédée en 1474 par Emery Boultery. En 1481, elle fut acquise par le prieur de Lancé (membre de Marmoutier) et revendue par un de ses successeurs au collège de l'Oratoire en 1655, sous le titre de *Maison de Lancé*. Après l'avoir louée à divers particuliers pendant cinquante ans, l'Oratoire en fit des salles d'étude pour ses pensionnaires, et jusqu'à sa démolition l'appela *Maison de la Brocholerie,* sans doute du nom d'un des locataires Brochot, avocat à Vendôme à la fin du XVIIᵉ siècle. Cette maison fut démolie en 1778 lors de la construction du grand bâtiment actuel sur la rue Saint-Jacques. Et alors prit naissance cette légende que c'était là la maison de Ronsard [1].

D'après certains indices, je puis affirmer que la maison de Philippe de Poncé était à l'ouest de la Grange, à laquelle elle fut réunie au XVIᵉ siècle,

---

1. Cf. ci-après les chapitres *le Poète Ronsard était-il Vendômois?* et *les Demeures de Ronsard en Vendômois.*

après avoir été baillée par la maison-Dieu en 1474
à Jehan Pélisson, mort en 1509.

En 1282, apparaît un autre Philippe de Poncé,
qui, puisqu'il n'est qualifié que d'écuyer, doit être
le fils du précédent, sans doute encore vivant. Ce
Philippe, écuyer, prévôt de Vendôme, amortit
aux maîtres et frères de la maison-Dieu tous les
héritages qu'ils possèdent dans ses fiefs, à la charge
d'un anniversaire *chacun an* après son décès (*In-*
ventaire des titres de la maison-Dieu, folio 4).

Il fut sans doute le seigneur de Ponçay et de
Courtiras-lès-Vendôme, et le père de :

1. Jean de Ponçay, chevalier, seigneur du Bois
en 1344, mort avant son père (*Inventaire*, page 8),
suzerain de la Tour de Varenne ;

2. Huet de Ponçay (page 12), écuyer, dit la
Loupe, mort avant 1364, époux d'Isabeau, restée
veuve en 1364 avec deux filles, Alix et Epiphanie
(*Inventaire*, page 14) ;

3. Guillaume de Ponçay, écuyer, seigneur de
Courtiras en 1351 ; vendit cette année-là la métairie de Mondétour (en Naveil) à Gervais Maslon ;
et en 1361, qualifié écuyer, seigneur de Ponçay,
et fils de Philippot de Ponçay, il céda à la maison-
Dieu le fief immense de Courtiras-lès-Vendôme

(tenu du comte de Blois avant le règlement de 1329), moyennant une rente viagère et le paiement de ses dettes.

Revenons à Olivier de la Poçonnière.

S'il est jeune marié vers 1293, ne pourrait-il pas être le grand-père du terrible Baudouin, venu de Moravie ?

A quelle époque est arrivé ce soudard ? Pas avant 1328 évidemment ; avant 1350 assurément, si l'on veut appliquer à la lettre les vantardises du poète. Et il ne serait pas difficile d'imaginer que le roi a, en effet, donné des biens à l'aventurier, en lui donnant la main d'une héritière. De tout temps, les rois ont aimé payer leurs dettes avec l'argent des autres.

Il semble, en tout cas, bien probable que Baudouin, qu'il vînt de Moravie ou d'Areines-lès-Vendôme, a reçu la Poissonnière par héritage, et non par acquisition, car l'écusson et les armes des Tiercelin tiennent trop de place dans et près la cheminée, pour qu'on puisse admettre qu'il s'agit seulement des alliances très postérieures.

LES ASCENDANCES ET PARENTÉS DE RONSARD. LES SOURCES DU GÉNIE DE RONSARD.

Les ascendances et parentés de Ronsard. Les sources du génie de Ronsard.

Le génie, et plus particulièrement le génie poétique, a-t-il une source ? L'homme de génie tire-t-il tout de son propre fonds, de ses seules études personnelles, ou au contraire se trouve-t-il bénéficier d'un fonds, d'un réservoir créé par ses ancêtres ?

La Bruyère croyait à la génération spontanée : « Il apparaît de temps en temps... des hommes rares, exquis... ; ils n'ont ni aïeuls ni descendants, ils *composent seuls toute leur race.* »

C'est ce qu'ont essayé de nous faire croire nos grands poètes ; Ronsard a commencé :

> Aux trois vivants *en rien*
> *Semblable* je ne suis, ny de mœurs ny de bien.

Vigny a suivi, et combien Victor Hugo !

Mais les générations spontanées ont pris fin avec Pasteur ; il doit en être de même pour la plante humaine.

Il n'est si humble ruisselet, fleuve si imposant qui ne procède d'une source ; nous pouvons vérifier combien est exacte la comparaison du génie humain avec l'eau ; car si une famille compte, au cours des générations, plusieurs hommes éminents, ce sont autant de saignées faites soit à là source, soit au bras d'eau qui constitue son écoulement. Quelle richesse au contraire, quelle abondance inouïe, si pour la première fois la race donne un poète : tel Ronsard, tel Hugo !

Nous avons donc bien fait d'abandonner complètement les idées fausses des siècles passés ; nous disons maintenant que le génie est le résultat d'une longue et patiente économie de forces, faite et prolongée pendant des siècles, par des familles qui se sont interdit tout excès même de culture intellectuelle. Alors que le talent procède visiblement d'un effort personnel et continu, le génie, lui, visiblement affranchi de cette obligation, semble non pas même couler, mais jaillir d'un intarissable réservoir.

On dit *réservoir commun* des ancêtres. Il faut

entendre, par là, réservoir constitué, élaboré par les ancêtres. Quels ancêtres?

Pendant des siècles, et même encore à l'heure actuelle, les généalogistes n'ont voulu connaître que les ancêtres mâles, et même les ancêtres du nom. Absurde en vérité est cette *superstition du nom* patronymique, dont le premier résultat est de faire déclarer *éteintes* nos vieilles familles dès qu'elles ne se continuent que par les alliances des filles.

Ce n'est pas seulement de son père que l'on descend, c'est aussi, c'est surtout de sa mère : donc, des père et mère de sa mère, et puis encore des père et mère de cette grand'mère maternelle... On descend aussi de la mère de son père, et naturellement des père et mère de cette grand'mère paternelle. Car, singularité qui n'a jamais été mise en lumière, *c'est par les femmes que l'on descend des mâles.*

Sans doute les penseurs de tous temps n'ont cessé d'en gémir. Aussi les Grecs, qui savaient *tout indiquer*, avaient enlevé au sexe féminin, même à Junon, le droit de donner naissance à la Sagesse : c'est du front de Zeus, déchiré par une atroce migraine, que Pallas Athéné sortit tout armée. Mais, en revanche, Phoibos Apollon est fils de Latone, parce que la poésie ne peut provenir que d'une souffrance, et la femme n'est-elle pas la personnification de la Souffrance?

Je pose donc ce principe initial : *on descend de tous ses ascendants*, mâles ou femelles, et le réservoir commun a été créé par tous les ascendants, dont chacun est venu lui donner, qui son écuelle, qui sa seille.

> J'entends, comme un enfançon,
> L'obscure et rouge chanson
> Qui bourdonne dans mes veines.
> Dans ces canaux azurés,
> Qu'est-ce que vous murmurez,
> Globules pleins de mystères?...
> Que de clameurs à la fois!
> Ce sont les *milliers de voix*
> Qu'eurent mes *milliers d'ancêtres*...
> O morts toujours renaissants!
> Suis-je moi? Suis-je une race?...
> *Un cri sort de chaque goutte*,
> Tous CES CRIS, *font-ils ma voix?*

Non, pas tous ces cris, car, si chaque ancêtre a donné son globule, chaque globule ne donne pas le même cri, je veux dire une poussée de même force.

Il y a des ancêtres qui ont si fortement marqué leur empreinte qu'on peut la retrouver encore,

après trois ou quatre générations, dans leur descendance mâle ou femelle. Ce sera, par exemple,
une série de types offrant avec l'ancêtre une ressemblance frappante, au point de vue du caractère, au point de vue des traits du visage. Mais
comment expliquer que cette ressemblance s'al-
liera très bien dans un descendant avec la continuation des idées d'un ancêtre d'une autre famille?

Qui me dira, par exemple, pourquoi des frères,
issus des mêmes parents, peuvent, tout en se res-
semblant physiquement, être à ce point dissem-
blables que chacun semble continuer seul tel
ancêtre? On dirait, en vérité, que chacun de nous,
en entrant dans la vie, puise dans le vestiaire des
ancêtres l'habillement qui paraît le mieux lui
convenir. Mais comment mettre un libre choix
dans une matière qui me paraît dominée par une
véritable fatalité? On nous a appris que la *dominante* du blé est la silice; la *dominante* de la vigne
est la potasse. Je dis donc que chacun de nous
apporte une dominante spéciale, et comment se
refuser à croire qu'elle vient d'un ancêtre?

Il faut donc rechercher parmi ses ancêtres celui
ou ceux dont on procède, et la recherche est plutôt difficile.

Vous avez eu un père et une mère, ce sont vos *parents,* deux individus, non cousins, en êtes-vous bien sûr? Il m'a suffi pour les miens de remonter au vingtième degré, et j'ai constaté qu'ils étaient parents.

Chacun de vos *parents* a eu aussi un père et une mère; deux du côté paternel, deux du côté maternel, voilà quatre autres individus. Ce sont vos aïeuls. Nous voilà à six individus à connaître.

Chacun de vos aïeuls, chacune de vos aïeules, a eu aussi deux parents; vous avez donc huit *bisaïeuls.* Un degré plus haut, c'est seize *trisaïeuls.* Nous voici donc au quatrième degré et vous voilà avec trente ascendants *à connaître...*

Allez, ne cherchez pas, vous ne les *connaissez pas.*

Ce n'est pas les connaître, en effet, que d'avoir pu coucher sur le papier leurs noms et dates. Avez-vous leurs portraits? Avez-vous leur correspondance? Avez-vous leurs souvenirs ou leur journal écrits de leur main? Vous avez des bribes de tout cela pour quelques-uns, et d'ailleurs qui donc connaît même le nom de ses seize trisaïeuls, *de tous les seize?*

Moi, j'ai réussi à retrouver les noms de mes trente-deux quadraïeuls, de mes soixante-quatre quintaïeuls, mais je suis obligé d'avouer que je ne les connais pas. J'ai bien quelques notions sur eux, je sais qu'ils exercèrent, j'ai retrouvé quelques actes passés par eux. Mais quel était leur caractère, leur façon d'entendre la vie? Comment se gouvernaient-ils, eux et leur famille, dans les périodes plutôt troublées qu'ils traversèrent?

Déjà la recherche des noms constitue à notre époque un vrai travail, un travail tellement ardu que des généalogistes professionnels passent leur vie à les retrouver. Et cependant nous avons un trésor incomparable dans lequel il suffit de chercher : l'état-civil, qui, sous l'ancien régime, s'appelait les registres paroissiaux. Le tout, état-civil ancien et moderne, remonte au delà de 1600, au moins pour les baptêmes, et à 1630 ou 1650 pour les sépultures.

Au moment où Ronsard commençait à produire (1547) au moment où il écrivait son autobiographie, l'état-civil n'était pas encore inventé. Les curés de Couture n'avaient pas encore exécuté les prescriptions royales et diocésaines leur ordonnant depuis dix à vingt ans de tenir des cahiers. S'ils l'ont fait, ils n'ont pas, en tout cas, exécuté les prescriptions leur commandant de déposer au greffe un de leurs cahiers qu'ils devaient tenir en double, ou bien ils ont continué à croire que ces cahiers n'avaient d'autre but que de leur permettre de tenir à jour leur comptabilité personnelle, car c'est pourtant là le point de départ de la tenue de notre état-civil.

En fait, le greffe n'a commencé à nous conserver des doubles des registres que depuis 1672.

Donc Ronsard, encore moins ses parents, n'avaient rien pour pouvoir exercer des recherches [1].

On a supposé qu'ils tenaient des livres de raison. Mais sachons donc préciser : le livre de raison est spécial à *une* famille ; il est matériellement impossible que *tous* les ancêtres s'y trouvent indiqués. Comment donc auraient-ils pu faire, d'abord pour deviner que cent ans après eux un de leurs descendants s'allierait au descendant de telle autre famille?

Des papiers de famille? Mais, même aujourd'hui, qui donc en possède? On a des titres de propriété, et si la même famille s'est transmis un

---

1. Cf. p. 133.

domaine, les titres se trouvent constituer des papiers de famille. Où sont les titres de propriété de la Poissonnière?

I. — COTÉ PATERNEL.

Attaquons le côté paternel de Ronsard.

Son père, Loys, meurt en 1544, âgé d'environ soixante-cinq ans. Le poète n'a pas encore vingt ans. Quels souvenirs le père a-t-il pu transmettre à son fils sur ses propres ancêtres?

L'aïeul, c'est Olivier (1437?-1493), modeste fonctionnaire du roi, capitaine de ville, gouverneur, escuyer d'escurie: mais sa femme, c'est Jeanne d'Illiers des Radrets, et tout de suite nous voilà en présence d'une belle généalogie[1], qui remonte par une filiation continue à Yves I d'Illiers, 1070-1120. C'est par les d'Illiers que Ronsard était cousin au douzième degré de Jean III Peigné, de Pray, mari de Cassandre Salviati, desquels descend Alfred de Musset. C'est par les Fromen-

---

1. Cf. *Notes généalogiques sur la Famille d'Illiers*, par Eugène Vallée, Paris, Alphonse Picard et fils, 1905, in-8°.

tières, issus des d'Illiers, que le maréchal de Rochambeau était cousin de Musset et de Ronsard.

Pourquoi Ronsard ne nous a-t-il jamais parlé
des d'Illiers? Cette famille ne valait-elle pas mieux
que les ancêtres fabuleux de Bulgarie?

Cependant, son bisaïeul, Jean I d'Illiers des
Radrets, possédait en 1460, rue des Béguines, à
Vendôme, l'hôtel qui continue à porter le nom
d'hôtel des Radrets, parce que son fils Yvon le
possédait en 1492, et son petit-fils Jean II en
1537. Et Jean II était le propre cousin germain
de Loys. C'était encore un cousin germain, descendant de la deuxième femme de Jean I, que cet
Antoine de Thibivilliers qui construisit à Fleury
la cheminée monumentale dont celle de la Poissonnière paraît n'être qu'une réplique.

Le bisaïeul, c'est Jehan de Ronsard, marié en
1436 à Briande de Verrières. Deux noms, et c'est
tout. Où trouve-t-on les Verrières?

Remontons au trisaïeul, André de Ronsard
(1436 à 1457) qui épouse Catherine de Larçay.
L'abbé Froger et M. Longnon ont ramassé ce
qu'ils ont pu trouver; ils ont trouvé des *aveux;*
donc André était un bon propriétaire. Ils ont retrouvé surtout que sa femme était une « femme
de tête » qui sut, après la mort de son mari,

arrondir considérablement ses possessions. Mais André n'a jamais été qu'un des quatre sergents fieffés de la forêt de Gâtines, manière de gardes forestiers au service du comte de Vendôme.

Quatre degrés d'ancêtres, quatre générations seulement avant le poète, c'est tout ce que les généalogistes actuels consentent à donner à la généalogie Ronsard. Pour une famille qui se croyait noble, c'est en vérité bien maigre.

Mais les ancêtres Ronsard, qui me paraissent aussi vaniteux que le poète, s'étaient empressés de se forger des ancêtres. C'est d'eux que vient le prétendu quadraïeul, Gervais de Ronsard, mort avant 1419, et moins connu comme l'auteur de la famille Ronsard que comme époux d'une Jeanne de Vendômois, qui lâcha son mari et vécut en adultère public à Savigny-sur-Braye. Sans doute le scandale était grand, surtout quand des enfants doublement adultérins venaient au jour, mais personne ne parlait d'attacher une grosse pierre au col de Jeanne, car sachez que l'amant était Jean de Bourbon, seigneur de Carency, un des fils du premier Bourbon qui fut comte de Vendôme; alors il en rejaillissait une manière de gloire sur la famille Ronsard, puisque ça constituait une espèce d'alliance approximative avec les Bourbon. Où diable l'amour-propre va-t-il se nicher?

Mais ce quadraïeul, nous nous sommes rencontrés, M. Longnon et moi, dans un commun désir de le supprimer, car j'ai démontré par lui qu'il était impossible d'en faire autre chose qu'un frère d'André. M. Longnon lui donna licence de n'être qu'un cousin germain.

N'ayant aucun renseignement sur les Verrières et sur les Larçay, nous voilà contraints de nous en tenir aux premiers Ronsard. Si les deux premiers n'étaient que des sergents fieffés, il est bien probable que leurs ancêtres inconnus n'étaient pas autre chose. Alors qu'est-ce qu'ils pouvaient bien être, ces gens-là?

Des gens des bois, des gens vivant dans les bois, et si leur descendant y a vu baller des faunes et des dryades, eux, ces garde-chasse n'y voyaient que des braconniers, ces gardes forestiers n'y voyaient que des délinquants. Ils ont passé leur vie à protéger leurs propres bois des Hamelières (1397) et de la Houssaye (1404-1417) et puis certaines parties de la forêt de Gâtines, car il semble bien que chacun des quatre sergents avait son cantonnement; pour les Ronsard, c'était les Cent

Arpents en la Lande, et les Hayes de Marcé
(ancienne paroisse, commune supprimée en 1811
et fondue dans celle de Montrouveau).

« Cette passion de la forêt, objet si fréquent et
si heureux de ses vers, n'est pas un thème litté-
raire. En l'exprimant, c'est aux impressions con-
fuses de ses pères, c'est à leurs sentiments restés
muets, que le poète donne le jour. » Et la manière,
monsieur Longnon? Est-ce donc eux qui la lui
auraient donnée aussi? Qu'importent, d'ailleurs,
les thèmes, si le poète ne sait pas manier son archet?

Notons, avant d'abandonner le côté paternel du
poète, que l'acte le plus ancien se référant aux
Ronsard est de 1397.

D'autres Ronsard ont été trouvés, plus anciens,
mais visiblement non parents. Il y en avait à Chartres, à Bourges, à Clermont. Hélas! qu'il était
facile de trouver en la vieille France des endroits
envahis par les ronciers et dénommés Ronsard,
aux v° et xi° siècles!

II. — CÔTÉ MATERNEL

C'est la mère elle-même qu'il convient d'étudier. M. Longnon a raconté ce qu'il veut bien

appeler son *roman*. Je trouve le mot indulgent,
et je ne sais jusqu'à quel point il convient de
féliciter les Ronsard d'avoir obtenu cette alliance.

Parce que son oncle Christophe s'est emparé,
non pas de l'héritage, mais des fiefs nobles possé-
dés par son frère Jean Chaudrier, qui ne laissait
que deux filles, voici l'aînée, notre Jeanne, alors
âgée de seize à dix-sept ans, qui se réfugie chez le
sénéchal de Thouars. Le roi Louis XII, qui semble
avoir peu de confiance dans ce lieu d'asile, charge
le vicomte de Thouars, Louis II de la Trémoïlle,
de la réclamer et de la donner en garde à sa femme.
Celle-ci exécuta mal la commission, car, prétex-
tant la maladie de la fillette, elle la confia à sa
grand'mère jusqu'à sa guérison. Mais à laquelle
des deux grand'mères que Jeanne possédait comme
tout le monde? Françoise Bonnenfant, femme
Chaudrier? ou Louise Renault, femme de Jean de
Beaumont?

La guérison arriva, et la demoiselle s'en alla.
Déguisement, enlèvement consenti, sinon réclamé,
et la voici fiancée (moi je dirais mariée par parole
de futur, ou mariage clandestin) à Jacques de
Fontbernier, seigneur de la Rivière. Deux mois
de cohabitation, jusqu'au désistement exigé par

le roi, signé sous ses yeux à Lyon, le 6 septembre 1499.

Mais elle gagne son procès. Les fiefs nobles de son père lui sont rendus. Tout de suite, ces fiefs trouvent l'homme que réclame le suzerain ; Jeanne y trouve aussi un mari, c'est Guy des Roches, seigneur de la Basme, et il paraît que tout le monde fut satisfait.

Quelques années après, Guy disparaît ; il est temps. car Loys de Ronsard a trente-cinq ans. Le 2 février 1514 (v. s.) a lieu leur contrat de mariage.

Ici finit la biographie de la mère de l'un des plus illustres poètes de France, et vous pensez combien sont furieux les commentateurs. Car enfin une mère de poète, la chose est d'ordonnance, c'est elle qui doit présider à l'éclosion du génie de ce poète, c'est à elle qu'un poète doit sans cesse attribuer son génie. Voyez plutôt Victor Hugo !

Or, c'est à peine si la postérité connaît le nombre de ses enfants. M. Longnon dit six ; avec M. l'abbé Froger, je dis sept. Et c'est à peine si l'on peut fixer sa mort vers 1540. Enfin le poète n'a jamais parlé d'elle.

Ne fit-il pas bien ? Qu'aurait-il pu en dire ? N'y

avait-il pas encore, entre 1550 et 1560, des gens connaissant, soit par eux-mêmes, soit par leurs parents, les histoires de 1499? Si cette omission lui fut imposée par le ressentiment, le poète a fait preuve d'une discrétion de bon goût, que n'a jamais pu connaître Jules Vallès, par exemple.

Mais, avant d'étudier le côté Chaudrier, il faut liquider les histoires de 1499; la chose me paraît délicate.

Elles risquent en effet de supprimer complètement les influences Ronsard. Car, avant d'épouser Loys de Ronsard, Jeanne Chaudrier avait reçu d'autres empreintes. On ignore jusqu'à quel point la théorie de l'*imprégnation* serait exacte en ce qui concerne Fontbernier, mais elle est indubitable pour Guy des Roches, *puisqu'elle en eut un fils*.

C'est lui au moins qu'il conviendrait d'étudier, plus encore peut-être que les Ronsard; mais qui nous donnera des renseignements précis? Je vois bien que l'aïeul Gauvin s'est marié en 1424, mais je constate que ces gens-là changeaient beaucoup. Le grand-père est seigneur de la Corbellière, le fils Louis est seigneur de la Morinière, Guy est seigneur de la Basme. En tout cas, voilà une piste complètement négligée jusqu'à présent, qu'il conviendra d'étudier au plus tôt.

Si Jeanne a réussi à se libérer de ces influences, c'est elle qui apporte, par sa famille, l'archet divin que, dès son âge le plus tendre, le poète cherchait d'une main frémissante.

L'ascendance maternelle est bien plus facile à connaître et bien plus connue que celle paternelle.

Le côté Chaudrier sera vite liquidé, car nous n'en connaissons que quatre générations, et il semble bien que ce n'étaient que des seigneurs ruraux. La bisaïeule du poète était Françoise Bonnenfant, et il me paraît inutile de rechercher cette famille. On ignore le nom de la trisaïeule, mais on connaît le nom de la quadraïeule, épouse de Jean Chaudrier, maire de la Rochelle, et c'était une Larchevêque, de Parthenay. Or, sa mère était une d'Amboise dont l'aïeul était Jean II d'Amboise (1275-1292) et peut-être arrivera-t-on à le souder aux descendants de Lisoie d'Amboise, mort vers 1065, fidèle de Geoffroi Martel, comte d'Anjou et de Vendôme.

Passons au côté Beaumont, car la mère de la mère du poète était une Beaumont, des Beaumont de Glenay. Ses père, aïeul, bisaïeul, sont seigneurs de Glenay ; son trisaïeul est seigneur de Bressuire et vivait en 1313.

Le trisaïeul du poète a épousé une Appelvoisin, fille d'Appelvoisin-Chasteignier, et voilà deux belles familles postérieures. Je prends la famille Chasteignier qui commence par le quintaïeul du poète, Jean II ; je vois dans sa descendance trois poètes : Baïf, Ronsard et Mellin de Saint-Gelais, qui est venu s'allier à une descendante. Il me semble que, comme source de poésie, cette famille pourrait suffire.

Ronsard n'en a jamais parlé !

Passons donc aux Rouault, dont il était fier de descendre. Son bisaïeul, Jean de Beaumont, avait épousé entre 1441 et 1443 Louise Rouault, sœur du maréchal de France, Joachim Rouault. Je vois que la famille Rouault remonte au septimaïeul du poète, qui vivait en 1327, mais le nom de presque toutes les femmes est ignoré.

Le trisaïeul du poète, Jean Rouault, épousa Jeanne du Bellay, et nous voici dans une famille très connue et très ancienne.

Quant aux alliances des femmes, je crois qu'il faut les négliger.

Le moment me paraît venu de liquider une bonne fois les vantardises du poète.

> Du côté maternel, j'ay tiré mon lignage
> De ceux de la Trémouille.

Ce n'est pas exact.

Jean Chaudrier, bisaïeul du poète, est cousin au dixième degré de Louis X de la Trémoïlle, parce qu'il a épousé Marguerite d'Amboise, descendante, comme les Larchevêque, de Jean II d'Amboise, et c'est tout.

Alors ce que le poète n'osait pas dire, il le fit dire par son biographe improvisé Binet. Seulement Binet, qui n'était pas généalogiste, a été un peu plus confus que d'habitude.

« La noblesse de ceste maison (Chaudrier) est telle que le sieur du Faux, Angevin, nous a laissé en *ses Memoires,* par longue deduction des genealogies (or les mémoires n'ont jamais été publiés), qu'elle attouchoit de près, par le *moyen* de la Trimouille (donc il faudrait continuer par en descendre) à ceste très noble maison de Craon, alliée des comtes d'Anjou et de laquelle sont descendus, par l'alliance de l'emperière Mathilde, les Roys d'Angleterre. »

Résumons : par l'alliance de l'*emperière* Mathilde, les rois d'Angleterre descendent de la maison de Craon, alliée des comtes d'Anjou, et à cette maison de Craon attouchent de près les Chaudrier, par le moyen de la Trémouille.

Mais non ! Les rois d'Angleterre ne descendent

pas de la maison de Craon[1]. La question est pourtant bien connue. Henri Ier, roi d'Angleterre de 1100 à 1135, fils de mon grand-oncle Guillaume le Conquérant, a eu deux filles : l'une, Mathilde, épousa d'abord Henri V, empereur d'Allemagne, mort le 23 mai 1125, et n'en eut pas d'enfants. Couronnée en 1126, elle fut bien *emperière*, et en 1129 épousa Geoffroy V, dit Plantagenet, comte d'Anjou comme ses ancêtres. C'est d'eux, d'eux que descendent les rois d'Angleterre, et notamment la reine Élisabeth, par la chaude Aliénor d'Aquitaine, puis par Isabelle, comtesse d'Angoulême, épouse de Jean Sans Terre.

En secondes noces, cette Isabelle épousa Hugues de Lusignan, et leur fille épouse Maurice IV de Craon, qui descend des deux maisons de Craon, la nouvelle comme l'ancienne; même la maison de Craon descend aussi d'Hugues Capet. C'est de ce second lit que descend Marie de Sully, dame de Craon, qui épousa en 1382 Guy VI de la Trémoïlle, premier Trémoïlle introduit dans la famille. Grâce à ces deux lits, Louis III de la Trémoïlle, arrière-petit-fils de Louis II, était cousin au vingt-troisième avec la reine Élisabeth, et

---

1. Cf. p. 101.

d'autre part était cousin au dix-septième avec
Ronsard par les d'Amboise. Mais cela ne créait
pas une parenté entre Ronsard et Élisabeth.

Donc Binet n'avait aucun droit de dire que
« du Faux mettoit en evidence que Ronsard estoit
allié au seize ou dix septiesme degré d'Élizabeth,
royne d'Angleterre; *quoy qu'il en soit*, toutes ces
grandes maisons ne l'ignorent point et s'en glo-
rifient ».

Notez d'ailleurs que la computation ecclésiastique, qui seule existait alors, nous donnerait
aujourd'hui trente à trente-deux degrés: Je trouve
que c'est un peu éloigné. Je suis cousin au vingt
et unième d'Alfred de Musset, et je ne trouve pas
cela lointain, parce qu'Henri IV ne l'était qu'au
vingt-deuxième d'Henri III et que personne ne
s'avisa alors de repousser pour cette raison ce prétendant au trône.

Mais, parce que le mode de computation a
changé depuis la Révolution, est-ce une excuse
pour M. Longnon d'ignorer notre mode actuel et
civil de computation? En ligne collatérale, en
effet, on ne compte jamais l'auteur commun, ni
même les membres des deux branches, mais l'on
compte seulement les *intervalles* existant entre
les différents membres. Ainsi les frères sont au

deuxième degré, l'oncle au troisième avec son neveu, les cousins germains au quatrième, et l'un d'eux est au cinquième degré avec le fils de l'autre, son neveu à la mode de Bretagne. C'est pourquoi Élisabeth et Louis III de la Trémoïlle sont au vingt-troisième degré et non au vingt-quatrième, Louis II de la Trémoïlle au treizième avec la mère du poète, et non au quatorzième.

III. — LE POÈTE LUI-MÊME

Les époux Ronsard-Chaudrier étaient mariés depuis dix ans lorsque le septième enfant leur arriva, le dimanche 11 septembre 1524, et non le 11 septembre 1525, avant Pavie, 24 février 1524 (v. s.), et non sept mois après, car enfin, même au moment où il écrivait, le nouveau style n'était pas encore appliqué. Il ne l'a été théoriquement qu'à partir de 1564, et en pratique un peu plus tard selon les localités.

Je ne sais pourquoi le poète a tenu à se présenter comme un *tardillon* :

Cinq avant moi *longtemps* en enfanta ma mere.

Longtemps? Je n'ai pas pu donner plus de deux ans à l'intervalle.

J'ai comme une idée que ce petit dernier devait être insupportable à la maison. Admettons que ce n'était pas le résultat des gâteries de la mère; en tout cas il devait être l'être indocile, impossible à brider, que connaissent trop bien les pères de familles nombreuses. Et nous nous demandons avec stupeur d'où vient cet enfant-là.

C'est qu'il y a là un phénomène d'ordre social, très curieux, mais encore très peu connu, parce qu'il n'a jamais été étudié. Les petits derniers apportent des influences, des directives très anciennes, si anciennes qu'elles sont totalement oubliées des membres vivants de la famille. Les physiologistes parlent alors d'*innéité*, comme si le dernier rameau devait renoncer à bénéficier du terreau de la race. C'est tout le contraire. Alors que les aînés reproduisent généralement le type de leurs plus proches ascendants, qui en général vivent encore pour leur servir de parrain, les derniers venus reproduisent un ancêtre lointain et sont imbus, pénétrés, des traditions de famille. Pour ma part, je reproduis un trisaïeul paternel, qui était procureur au bailliage de Vendôme comme je suis avoué au tribunal, qui faisait des

généalogies et de l'archéologie comme moi, qui
possédait ma closerie, enfin qui classait les titres
de ma ville comme je le fais.

Si cette copie d'un ancêtre lointain est certaine,
il est donc tout clair que le père de famille, ne se
reconnaissant pas dans les goûts de son enfant,
s'étonne de le voir échapper à sa direction ; il s'en-
suit que l'enfant, chez lequel tout proteste contre
cette direction, refuse de lui obéir et cherche à lui
échapper.

Aussi il arriva au futur poète ce qui arrive à
tous ceux de son acabit.

> Si tost que j'eu neuf ans, au college on me meine.

Car, à l'automne de 1530, le père est revenu
d'Espagne, où depuis mai 1526 il a partagé la cap-
tivité des enfants de France, ou tout au moins été
captif comme eux. Mais il est reparti pour la cour,
où son service de maître d'hôtel du dauphin l'appelle, et le retient au moins trois mois par an.
Chaque fois qu'il revient à la Poissonnière, c'est
pour entendre les plaintes de sa femme, ou bien
pour constater par lui-même que Pierre n'apprend
rien et passe ses journées à polissonner.

Donc, dès septembre 1533, on l'a fourré au
collège de Navarre. Il n'a pu y rester que six mois.

Le voici revenu à la maison au début d'avril 1534. Toute sa vie il se souviendra de sa joie de prisonnier libéré, de cette mise en liberté en avril.

Il resta à flâner encore deux ans, et, puisqu'il ne savait que faire, il se mit à faire des vers :

Je n'avois pas douze ans...

Mais qui lui apprit à faire des vers, ou du moins qui lui donna les premières leçons indispensables? On a parlé de son oncle Jean, le chanoine du Mans, devenu à la fin de sa vie curé de Bessé-sur-Braye (1529-1535). Bessé n'est qu'à deux lieues de la Poissonnière, et l'on peut supposer que les relations étaient faciles. Il est vrai que cet oncle est mort en 1535, et que les leçons durent être courtes. Mais M. Longnon affirme qu'il « lui légua sa bibliothèque qui était nombreuse et très variée ».

Et il cite l'oraison funèbre de Veillard, parue en 1586. (Habebat ab avunculo... non solum bibliothecam... sed etiam exemplum...)

Avunculus, c'est un oncle maternel, à la rigueur un grand-oncle, quelquefois un arrière-grand-oncle, ou bien un allié, le mari d'une sœur de la mère. Un oncle paternel se dit *patruus.* Jamais un homme du moyen âge ou de la Renaissance n'a pris l'un pour l'autre.

Allons! Voilà encore une légende par terre, et les morceaux n'en valent rien.

Cherchons donc du côté maternel, et là nous ne trouvons rien. Serait-ce le mari de Renée Chaudrier, la sœur de sa mère? Serait-ce son grand-oncle par alliance René d'Appelvoisin, mari de Bonne Chaudrier? Serait-ce Jean de Beaumont, frère de sa grand'mère Chaudrier, Joachim de Beaumont? Mais il avait des filles dont l'une épousa Mellin de Saint-Gelais. Vous le verrez, il me faudra retrouver un arrière-grand-oncle Bonnenfant.

Mais il faut que cet *avoncle* soit mort au plus tôt en 1534 ou 1535, et voyez-vous d'ailleurs un bonhomme de ce temps-là léguant une bibliothèque « nombreuse et variée » à un gamin de dix à onze ans?

Enfin, en 1536, le père prend une décision. Il aurait voulu mettre Pierre dans la robe; Pierre renâclant, il se résigna « à le dévier à la profession des armes ». Alors, en juillet 1536, il le fait entrer comme page d'écurie dans la maison du dauphin François, aîné des trois fils de François Ier, et en juillet l'appelle près de lui à Lyon, où se trouvait le Grand Quartier Général. Le 7 août,

> Trois jours devant sa fin, je vins à son service...

il arrive à Tournon, où le dauphin s'est alité et va mourir le 10 août, parce qu'il avait bu de l'eau glacée après une forte partie de paume.

Ronsard a alors onze ans onze mois. Et c'est fini de son enfance en Vendômois. Il va courir le monde : Écosse, Flandre, Écosse, Allemagne.

Revint-il quelquefois à la Poissonnière? Rien n'est moins sûr. Il n'était pas *chez lui,* dans la maison de son frère, et il n'avait pas un *chez lui* en Vendômois. Ce n'est qu'en mars 1565 qu'il acquit le bénéfice de Saint-Cosme, et en mars 1566 qu'il reçut celui de Croixval. Ce doit être seulement quelques années après qu'il reçut celui de Saint-Gilles (1575?).

Dès 1537, son frère aîné est marié, à ma cousine Tiercelin, et il habite la Poissonnière; le père habitant Paris, où il mourut, la mère mourant à Couture.

En somme, il n'est guère revenu dans le Vendômois que lorsqu'il a réussi à obtenir des bénéfices. Et il n'a habité ces résidences vendômoises que lorsqu'il a pris sa retraite, à l'avènement d'Henri III, 1574.

Il fut parrain à la Chapelle-Gaugain, le

22 mai 1568, d'une fille de Jacques de la Roche ;
aux Hayes, le 14 août 1575 (registres conservés à
Villedieu), et *il signa*, d'une fille de Jehan Binet ;
à Saint-Laurent-de-Montoire, le 13 septembre 1583, d'un fils de Lhommer Soulaz, avocat à
Montoire, et *il ne signa pas*.

Des poètes, mais où n'y en avait-il pas, au
xvi⁰ siècle ? Son frère aîné épouse, ce 1ᵉʳ octobre 1537, ma cousine Anne Tiercelin, petite-
fille de Louis Tiercelin-Vaudelet, lieutenant en
la sénéchaussée du Maine, seigneur de la Bes-
chuère. Déjà le futur poète Jacques Tahureau a
dix ans ; c'est son cousin germain, fils de sa tante
Marie Tiercelin, fille de Louis.

RÉSUMÉ CHRONOLOGIQUE DE LA VIE, DES FONCTIONS, DES RÉSIDENCES DU POÈTE PIERRE DE RONSARD.

Résumé chronologique de la vie, des fonctions, des résidences du poète Pierre de Ronsard

1514/1515, 2 février. — Mariage de son père Loys de Ronsart avec Jeanne Chauldrier.

1524, dimanche 11 septembre. — Naissance de Pierre de Ronsard.

> *L'an* que le Roy François fut pris devant Pavie
> Le jour d'un *Samedy*, Dieu me presta la vie
> *L'onzieme de Septembre*, et presque je me vy
> Tout aussi tost que né de la Parque ravy.

L'an de Pavie, l'onzième de septembre. — La bataille de Pavie eut lieu le 24 février 1524/1525. — Le 11 septembre 1525 est un lundi. Le 11 septembre 1524 est un dimanche. Sa naissance ne put donc être que le dimanche 11 septembre 1524. Il naquit à la

Poissonnière, paroisse de Couture, au Bas-Vendômois, diocèse du Mans. Il était le septième enfant. Il fut baptisé le jour de sa naissance.

1526-1530. — Son père accompagne les deux aînés des enfants de France en Espagne.

1533, septembre. — Mis au collège de Navarre, à Paris.

> *Si tost* que j'eu neuf ans, au college on me meine.

Il y resta six mois.

1534, avril. — Sa sortie du collège.

> Je mis tant *seulement un demy an* de peine
> D'apprendre les leçons du regent de Vailly.

1536, août. — Entre comme page d'écurie dans la maison de l'aîné des trois fils de François Ier, le dauphin François, dont son père était conseiller et maître d'hôtel ordinaire. — Rejoint le quartier général à Lyon.

1536, 7 août. — Se rend à Tournon.

> *Trois jours devant sa fin*, je vins à son service.

La Poissonnière.

1536, 10 août. — **Mort du dauphin à Tournon.**

1536, septembre. — **Entre au service du troisième fils de François Ier, Charles, duc d'Orléans, à Avignon, au moment où l'armée de
France se prépare à la guerre contre Charles
d'Autriche.**

> *Je vins en Avignon,* où la puissante armée
> Du Roy François estoit fierement animée
> Contre Charles d'Autriche, et *là* je fus donné
> *Page* au duc d'Orléans.

1536/1537, 1er janvier. — **Mariage de Jacques V
Stuart, roi d'Écosse, avec Madeleine de France.
— Ronsard est cédé comme page à la jeune
reine d'Écosse et la voit expirer six mois après
(7 juillet 1537). Il reste en Écosse un an et
demi.**

> Apres je fus mené
> Suivant le Roi d'Escosse en l'Escossoise terre...

**Ronsard ajoute qu'il fut *trente mois* en Écosse
et *six* en Angleterre. Il est certain qu'il partit en
mai 1537 et revint en septembre 1538, séjourna
de nouveau en Écosse et en Angleterre en 1539 et**

début de 1540. L'addition doit s'entendre des deux voyages. Mais Ronsard assigne ailleurs une durée différente à ses séjours.

1538. — Les paysages suscitent son émoi de jeune poète.

> *Je n'avois pas quinze ans* que les monts et les bois
> Et les eaux me plaisoient plus que la cour des Rois,
> Et les noires forests espaisses de ramées,
> Et du bec des oiseaux les roches entamées :
> Une valée, un antre en horreur obscurci,
> Un desert effroyable estoit tout mon souci...

1538, septembre. — Rentré page chez le duc Charles d'Orléans : a le titre d'écuyer aux Écuries royales.

1538, décembre. — Il accompagne en Flandres Claude d'Humières. seigneur de Lassigny, vers la fille de Charles-Quint. Retourne ensuite en Écosse.

> A mon retour ce Duc pour page me reprint :
> Long temps *à l'Escurie* en repos ne me tint
> Qu'il ne me renvoyast *en Flandres et Zelande*
> Et depuis *en Escosse...*

1540. — Est mis hors de page.

D'Escosse retourné, je fus mis hors de page.

1540, mai. — Se rend à Haguenau, en Basse-Alsace.

1540, septembre. — A son retour, il est atteint de surdité.

Et à peine seize ans avoient borné mon âge,
Que l'an cinq cens quarante avec Baïf je vins
En la haute Allemaigne, où la langue j'apprins.
Mais las! à mon retour une aspre maladie,
Par ne sçay quel destin, me vint boucher l'ouïe.
Et dure m'accabla d'assommement si lourd,
Qu'encores aujourd'huy j'en reste demy-sourd.

1541, novembre. — Son biographe Binet lui attribue faussement un voyage en Piémont avec Guillaume du Bellay.

1542-1543, 6 mars. — Tonsuré à Touvoie, résidence épiscopale des évêques du Mans, par René du Bellay, évêque du Mans.

1543. — Son père l'autorise à se remettre aux lettres. Pierre loge aux Tournelles, près de l'Écurie du roi. Jusqu'en 1559 il sert Henri II, dont il est le compagnon, surtout de jeux violents.

> Je le servi seize ans domestique à ses gages.

1544, 6 juin. — Décès de son père à Paris, servant son quartier chez le roi.

1545, 21 avril. — Suit la cour et voit à Blois Cassandre. alors âgée de quatorze ans.

> *L'an d'apres*, en Avril, Amour me fist surprendre
> Suivant la Cour à Blois, des beaux yeux de Cassandre :
> Soit le nom faux ou vray, jamais le temps veinqueur
> N'effacera ce nom du marbre de mon cœur.

1545-1550. — Ronsard devient écolier au collège de Coqueret, où il loge chez Dorat.

> Convoiteux de sçavoir, disciple je vins estre
> De d'*Aurat* à *Paris*, qui *cinq* ans fut mon maistre
> En Grec et en Latin.

1546, 1547, 31 mars. — Mort de François Ier. Avènement d'Henri II.

1547 ou 1548. — Ronsard rencontre Joachim du Bellay, allié par parentage:

1547, septembre. — Sa première œuvre imprimée est l'*Ode à Jacques Peletier, des beautez qu'il voudroit en s'Amie*, dans les *Œuvres poëtiques* de Peletier, dont le privilège est du 1er septembre 1547.

1549. — Il publie l'*Épithalame* d'Antoine de Bourbon, duc de Vendôme, et de Jeanne de Navarre.

1549/1550, 10 janvier. — Il obtient privilège pour publier ses *Quatre premiers livres des Odes*.

1552. — On le voit pourvu de la cure de Marolles, au diocèse de Meaux.

1552, septembre. — Il publie les *Amours*, suivis du *Cinquième livre des Odes* dans le même volume.

1554. — Reçoit la Minerve d'argent en guise de Fleur d'églantine, donnée par l'Académie des Jeux floraux de Toulouse.

1554, 17 juillet. — Est pourvu en cour de Rome de la cure de Challes, au diocèse du Mans.

1554, 28 novembre. — Insinuation au greffe du Mans par Ronsard en personne de sa lettre de tonsure. Collation de la cure de Challes par le cardinal Jean du Bellay après transaction avec son prédécesseur, qui accepte Marolles. Retenue de cinquante livres sur Challes.

1554, 30 novembre. — Il prend possession de son bénéfice de Challes en présence de son vicaire et de plusieurs témoins. (D'après le *Pouillé* de 1772, les émoluments étaient de mille livres, sur lesquelles devait être prélevé d'abord le traitement du prêtre tenant la place du titulaire.)

1554/1555, 17 février. — Charles de Ronsard, prieur de Brûlon, frère du poète, prend possession de la cure d'Évaillé, au diocèse du Mans, en vertu d'une permutation avec Olivier Estienne intervenue par accord le 11 octobre 1554.

1555, seconde moitié. — Il publie la *Continuation des Amours* et les *Hymnes*.

1555/1556, 6 février. — Charles de Ronsard ayant cédé à son frère Pierre la cure d'Évaillé, ce dernier, qui en avait pris possession dès 1555, laisse à ses vicaires le soin d'en acquitter les charges. (La cure d'Évaillé avait le titre de baronnie. D'après le *Pouillé* de 1772, elle valait six cents livres, mais en était-il de même deux siècles auparavant?)

1556, après août. — Publication du *Deuxième livre des Hymnes*.

1557/1558, 9 mars. — Permis d'ajourner « noble maistre Pierre de Ronssart, curé d'Availlé, à sa personne ou pour actacher à la porte de son presbitaire », devant le sénéchal du Maine, à la requête de l'abbé commendataire de Saint-Calais.

1557/1558, 28 mars. — Accord entre l'abbé de Saint-Calais et Pierre de Ronsard au sujet des charges dues par la cure d'Évaillé.

1559. 4 juin. — Ronsard a dû quitter promptement la cure de Challes, car à cette date Mᵉ Baltazar de la Chapelle en faisait abandon en faveur de Mᵉ André Duchemin.

1559, 10 juillet. — Mort d'Henri II, auquel succède son frère François II. — Ronsard est alors, et depuis quelque temps, curé de Champfleur au Maine, dépendant de Saint-Aubin d'Angers. (Charles de Pisseleu, évêque de Condom, abbé de Saint-Aubin.)

1559. 4 septembre. — Sacre de François II. Sa femme Marie Stuart, reine d'Écosse, qu'il avait épousée le 24 avril 1558.

1559-1560, 16 février. — Mort à Rome du cardinal Jean du Bellay.

1560, 16 juin. — Est investi de l'archidiaconé de Château-du-Loir (où il ne résida pas) et de la prébende canoniale de Saint-Julien du Mans, devenue vacante par suite du décès de Joachim du Bellay, et est installé chanoine.

1560, novembre-décembre. — Ronsard publie la première édition collective de ses *OEuvres* en quatre volumes. Le premier tome est achevé le 29 novembre ; le quatrième, le 2 décembre.

1560, 5 décembre. — Mort de François II. Avènement au trône de Charles IX, son frère, né le 27 juin 1550.

1560/1561, 15 février. — Résigne le bénéfice de la cure de Champfleur, qui est attribuée à Julien Cesneau.

1561, 21 août. — Retour de Marie Stuart en Écosse.

1561, 9 au 26 septembre. — Colloque de Poissy, auquel assiste Ronsard.

1561/1562, 28 janvier. — Paraît avoir assisté, au Mans, au chapitre dont il était chanoine.

1561/1562, 14 février. — Procuration donnée par le chapitre du Mans à Pierre de Ronsard,

archidiacre de Château-du-Loir, et Jean Lemonnier, chanoines, près du roi.

1561 1562, 1er mars. — Massacre de Vassy.

1562, 3 avril. — Prend à loyer la maison de la
Poterne, au Mans. — Cette année-là, les protestants sont renseignés sur le poète par Mathurin Briand, greffier des *Insinuations ecclésiastiques*.

1562, avril. — Chasse aux protestants du Vendômois, devenu protestant lors de la prise du
Mans.

1562, vers le 1er juin. — Il compose le *Discours
des misères du temps*, qu'il continue vers le
1er octobre.

1562, 17 novembre. — Antoine de Bourbon, roi
de Navarre et duc de Vendôme, meurt aux
Andelys.

1563, 25 septembre. — A cette date Ronsard
n'est plus archidiacre de Château-du-Loir.

1564. — Devient abbé commendataire de Bellosanne, au diocèse de Rouen, par résignation en sa faveur faite par Jacques Amyot, qui possédait cette abbaye depuis 1546. Revenu : cinq mille livres. Ronsard, après l'avoir acceptée, y renonce la même année.

1564/1565, 15 mars. — Ronsard prend possession du prieuré de Saint-Cosme. Sa résidence à Paris est dans une maison sise sur les fossés Saint-Victor.

1565. — Il publie l'*Abbregé de l'Art poëtique françois* et le recueil d'*Elegies, Mascarades et Bergerie*.

1565/1566, 9 février. — Permutation entre Pierre de Ronsard, curé d'Évaillé, et Jean Berneul, chanoine de Saint-Martin de Tours. Ronsard devient chanoine de Saint-Martin, et Berneul curé d'Évaillé. Celui-ci prend possession de son bénéfice le 12 février.

1565/1566, 22 mars. — Il acquiert, assisté de son ami Jean-Antoine de Baïf, le bénéfice de Croix-

val, de son secrétaire Amadis Jamyn, lequel
retient une rente annuelle de cent vingt livres.

1566, 26 décembre. — Il ne possède plus sa prébende du Mans, probablement depuis qu'il
est chanoine de Saint-Martin de Tours (février 1566).

1567, avril. — Deuxième édition collective des
OEuvres en quatre volumes in-4°.

1567, 24 septembre. — Ronsard accompagne le
roi, de Meaux à Paris.

1568, 28 février. — Il est à Paris, d'où il envoie
une procuration.

1568, 5 mars. — Insinuation par mandataire des
provisions de Croixval.

1568, 24 avril. — Est à Tours, devant notaire
« aulmosier suivant du roy, notre sire » et prieur
commendataire de Saint-Cosme.

1568, 22 mai. — « Noble homme messire Pierre

de Ronsard, prieur de S. Cosme », est parrain
à la Chapelle-Gaugain de Perrine, fille de Jacques de la Roche et de Renée Tissart.

1568-1570. — Séjourne plus particulièrement à
Saint-Cosme.

1569, août. — Publication des *Sixième et Septième livres des Poëmes*.

1569, 16 décembre. — « Magister Petrus de Ronsart, clericus diocesis Cenomanensis », est
pourvu du prieuré de Saint-Guingalois de Château-du-Loir, dépendant de Marmoutier.

1569, 21 décembre. — « Noble et discret maistre
Pierre de Ronsart, aumosnier du roy, notre
sire, servant », prend possession de ce prieuré
par procuration.

1570, 15 mai. — Pour éviter un procès avec Florentin Regnard, qui, de son côté, avait reçu
provisions de Saint-Guingalois le 20 décembre 1569 (quatre jours après Ronsard), le poète

8

permute le prieuré de Croixval et conserve le prieuré de Saint-Guingalois.

1571, 11 juillet. — « Noble homme messire Pierre de Ronsart, conseiller et aulmosnier ordinaire du roy, nostre sire, prieur commendataire de Saint-Guingallois au Château du Loir », baille une maison sise à Montabon, dépendant de son prieuré.

1571, 23 novembre. — On le retrouve, à cette date, prieur de Croixval.

1571. — Troisième édition collective des *Œuvres*.

1572, 24 août. —Journée de la Saint-Barthélemy.

1572, 13 septembre. — Achève l'impression des quatre premiers chants de *la Franciade*.

1572, 11 novembre. — Il écrit au chapitre de Saint-Martin de Tours, que, retenu à Paris pour terminer *la Franciade*, il faut le remplacer dans ses fonctions de semainier dont il avait à s'acquitter dans la collégiale, de huit semaines l'une.

1572-1573. — Quatrième édition collective des *Œuvres*.

1574, 30 mai. — Mort de Charles IX.

> Quatorze ans ce bon Prince, alegre je suivy :
> Car autant qu'il fut Roy, autant je le servy.

Avènement d'Henri III (né en 1551).

1575. — Sa retraite. Désormais il revient dans son cher Vendômois.

1575, 14 août. — Noble homme Pierre de Ronsart, escuyer, « seigneur de Croixval », est parrain aux Hayes d'une fille de Jean Binet.

Est-ce à cette époque qu'il reçut le prieuré de Saint-Gilles de Montoire, à la présentation de l'abbé de Saint-Calais?

1575, 25 novembre. — « Noble et discrète personne Mre Pierre de Ronsart, conseiller et aulmosnier ordinaire servant du roy, notre sire », et les religieux de la collégiale Saint-Martin de Tours cèdent par bail une pièce de vigne en la paroisse de Vouvray-sur-Loire.

1576, août. — Il habite Croixval.

1576, 28 août. — Il vient de Croixval à Saint-Cosme pour recevoir François d'Alençon, duc d'Anjou et de Touraine, auquel il fait les honneurs de son prieuré.

1578. juillet. — Cinquième édition collective des *OEuvres*. Il y publie les sonnets à Hélène de Surgères.

1579, 9 mars. — Transaction entre les religieux de Saint-Cosme et Jean Bruzeau, suivie de la ratification donnée par le prieur M⁰ Pierre de Ronsard au chapitre général présidé par lui le 25 avril 1579.

1583, août. — Le 5 août, les chanoines de Saint-Martin de Tours écrivent à Ronsard de venir représenter le chapitre au concile tenu à Angers. Le 9 août, lettre de Ronsard disant qu'il ne pourra venir, attendu qu'il souffre d'une fièvre quotidienne.

1583, 13 septembre. — « Noble homme Pierre de Ronsard, aulmosnier du roy, nostre sire, et son premier poëte en ce royaulme », est parrain à Montoire d'un fils de Thomas Soullaz, avocat en Vendômois.

1583-1584. — Passe l'hiver à Paris pour suivre son édition complète.

1584, 4 janvier. — Achève l'impression de la sixième édition collective de ses *OEuvres*. « Ce dernier labeur le mina tellement qu'il fut soudain aprés saisi de la goutte... et si estrangement traicté qu'il demeura dix mois entiers perclus et arresté dedans un lict. » (Du Perron.)

1584, 17 décembre. — Écrit de Croixval à son cher ami Jean Galland pour réclamer sa pension du roi de quatre cents écus, et le prier de la recevoir en son acquit du trésorier Molay.

1585, de février au 13 juin. — Dernier séjour de Ronsard chez Galland, au collège de Boncourt, à Paris, où il demeure presque toujours alité, ne faisant des promenades que dans la cour et

les jardins. Puis il se fait conduire à Croixval,
où il passe la fin de juin, et à Saint-Cosme, où
il s'arrête huit ou dix jours, et revient à Croixval en juillet.

1585, 20 septembre. — Il abandonne ses prieurés
au profit de Galland.

1585, 22 octobre. — Il écrit à Galland qu'il désire
le voir près de lui à ses derniers moments.

1585, fin octobre. — Le poète fait appeler le curé
de Ternay qui l'administre.

1585, 30 octobre. — Galland rejoint son ami à
Montoire, où Ronsard s'était retiré par crainte
des soldats de la Réforme revenant du siège
d'Angers.

1585, 2 novembre. — Ronsard revient, en compagnie de Galland, de Montoire à Croixval.

1585, début de décembre. — Il veut revoir son
prieuré de Saint-Cosme, se fait mettre dans
un chariot, tout perclus et estropié. D'après

Prieuré de Saint-Cosme.

Du Perron, il met six jours à faire le trajet et arrive à Saint-Cosme sur les cinq heures du soir, après avoir parcouru sept lieues et avoir eu « deux foiblesses grandes ».

1585, 22 décembre. — Il fait son testament définitif.

1585, 27 décembre, vendredi, deux heures du matin. — Mort de Ronsard, à Saint-Cosme-en-l'Isle-lès-Tours.

RÉVISION CRITIQUE DES BIOGRA-
PHIES DU POÈTE RONSARD.

Révision critique des biographies du poète Ronsard.

I. — LES ORIGINES DES RONSARD

Quelle est l'origine de la famille de Ronsard? Pour préciser davantage, de quel pays venait l'ancêtre, un peu fabuleux, Baudouin, qui se serait installé (vers 1340?) à la Poissonnière?

De toutes les questions qui ont réveillé depuis quelques années le monde des ronsardisants, il n'en est pas de plus agitée ; c'est parce qu'il n'en est pas de plus obscure, aucun document n'ayant pu être découvert encore qui mentionne un Ronsard, même au début du xive siècle.

Aussi, le poète a eu beau jeu pour imposer à ses contemporains comme à la postérité les origines qu'il lui a plu de se donner. Cet auteur, qui ne cessait, en tête de chacune de ses œuvres, de se réclamer de sa double qualité de « gentilhomme »

et de « Vandômois », publie en novembre 1554
sa célèbre Élégie, dans laquelle il avertit le public
que ses ancêtres Ronsard sont d'origine danubienne. Au début du xiv⁰ siècle, vivait, nous dit-il,
dans une région qu'il a soin d'indiquer de façon
fort vague, entre le Danube et la Thrace, un *marquis de Ronsart* « riche d'or et d'argent ». L'un
de ses « puisnés » vint tenter fortune en France
au début de la guerre de Cent ans, et sut l'y
trouver, puisque le roi Philippe de Valois (Philippe VI, 1328-1350) lui donna, en récompense
de ses services à l'armée, « des biens à suffisance
sur les rives du Loir ».

Longtemps cette origine étrangère était demeu-
rée un article de foi pour les commentateurs, trop
heureux de pouvoir faire sortir, sinon le poète
lui-même, au moins ses ancêtres paternels, de la
même région que le fabuleux Orphée. Cette coïncidence leur ménageait de si délicieux rapprochements, et ils en tirèrent tant de morceaux de bravoure, que plus de trois siècles se sont écoulés
sans qu'on ait même essayé de leur enlever cette
« admirable matière à mettre en vers latins », a
dit mon cousin Alfred[1].

---

1. Alfred de Musset.

Il le faut cependant, — d'autres l'ont déjà tenté, — car plus on l'examine, et plus cette origine paraît avoir été inventée de toutes pièces.

D'abord, l'élégie elle-même. Elle doit son existence au désir presque maladif de Ronsard (il avait déjà trente ans!) de figurer dans le *Vapereau* de l'époque, que devait faire paraître l'ami Paschal. Déjà sévissait cette excellente méthode de renseigner le public qui « laisse à chaque intéressé le soin de se raconter lui-même »[1].

Mais le Vapereau resta à l'état de projet. Ronsard, qui, pas plus que Victor Hugo, n'aimait perdre la moindre page, rebaptisa son morceau et le fondit dans son œuvre, trouvant ainsi le moyen de faire lui-même sa propre publicité. Quel fond peut-on faire sur un récit qui n'a visiblement été conté que pour impressionner les contemporains? Et d'autre part, si nous devons accepter les écrits relatifs à l'enfance et à la jeunesse du poète, parce que les contemporains étaient là pour protester et pour rectifier, pouvons-nous faire la même confiance aux récits sur l'origine de la

---

1. *L'Immortel*, d'Alphonse Daudet.

famille? Ce serait donc justement parce que, les faits remontant à plus de deux siècles, personne ne pouvait les contrôler. Notez que je ne repousse pas à priori l'idée que Ronsard n'ait fait que reproduire une tradition de famille. Eh quoi! a-t-on dit, une tradition de famille résisterait à deux siècles? Pourquoi pas? Je puis fournir la preuve d'une tradition personnelle plus persistante encore. Mais le poète ne nous dit pas qu'il rapporte une tradition, et nous devons nous tenir en garde contre sa vanité trop connue, qui a bien pu le pousser à rechercher comme lieu d'origine de sa race le voisinage de la Thrace, patrie d'Orphée.

A lire d'ailleurs cette élégie, il apparaît avec évidence que le poète a éprouvé le besoin instinctif de rehausser le lustre de ses ancêtres paternels, pour pouvoir les faire figurer, sans trop de désavantage, à côté de ses ancêtres maternels, qui, eux, étaient connus de toute la France; aussi se contente-t-il de citer leurs noms :

> Du costé maternel j'ay tiré mon lignage
> De *ceux* de la Trimouille et de *ceux* du Bouchage,
> Et de *ceux* de Rouaux et de *ceux* de Chaudriers.

Binet nous apprend en effet, non plus cette fois d'après le poète, mais d'après l'historien angevin du Faux, que les Chaudriers descendaient, par les La Trimouille, de la maison de Craon[1], « plus ancienne baronnie d'Anjou », de laquelle descendaient aussi les Plantagenets qui *passèrent* rois d'Angleterre. Ainsi Ronsard se trouvait « alié » (cousin) au seizième ou dix-septième degré de la reine Elisabeth. Seizième degré, cela nous donnerait huit générations de chaque côté, donc au plus deux cent cinquante ans. Donc l'auteur commun serait né vers 1300. Mais, comme Binet nous apprend que les rois d'Angleterre doivent leur parenté à l'alliance de l'*empérière* Mathilde avec Geoffroy comte d'Anjou, dit Plantagenet, et comme ce mariage eut lieu en 1129, il faut se souvenir que la computation ecclésiastique, alors suivie, comptait en général *un* là où nous comptons *deux*, et que, par suite, les seize degrés canoniques peuvent en constituer vingt-quatre civils, juste la distance qui existe entre moi et mes cousins qui portent couronne.

Examinons maintenant les résultats qu'aurait produits l'heureuse audace de Baudouin. Le roi de France n'a pu lui donner à titre de récompense « des biens à suffisance sur les rives du Loir »,

---

1. Cf. p. 58.

parce que, pour pouvoir donner, il faut posséder.
Or, jamais le roi de France n'a possédé ni la forêt
de Gâtines, ni même son démembrement dans lequel fut taillé le domaine de la Poissonnière. Dès
la fin du xe siècle, la forêt de Gâtines est régie, à
titre de domaine public, par les comtes de Ven-
dôme; c'est parce qu'elle était, du côté de la Touraine, la *marche* du Bas-Vendômois, qui avait été
réuni vers 960 au Vendômois ancien ou Haut-
Vendômois. Elle était encore aux mains des ducs
de Vendôme lorsqu'en 1573 elle fut coupée par les
ordres et pour le profit personnel du duc Henry
roi de Navarre.

Quant à la Poissonnière, M. l'abbé Froger a re-
retrouvé et publié [1] un document daté de juin 1293,
qui nous donne le nom du seigneur de la Poissonnière un demi-siècle avant l'arrivée de Baudouin.
C'est Olivier de la Poçonnière [2], écuyer, qui vient
d'épouser Jehanne, laquelle a reçu en dot de son
père *Felippe* Tyecelin (plus tard changé en Tiercelin), les *estres* de Connillon et de la Turcandière, paroisse de Saint-Martin de Cergé (Sargé-
sur-Braye). Ces biens relevaient de *Felippe* de Pon-

---

1. *Annales Fléchoises*, numéro de septembre 1904.
2. Voir p. 32.

çay, chevalier, seigneur de Conflans, mais surtout prévôt de Vendôme comme son père, et comme lui seigneur de Courtiras-lès-Vendôme. Par cet acte, il agrée la transmission du vassal de beau-père à gendre. Par un acte postérieur, le fils du suzerain, Hue ou Huet de Ponçay, confirme cet acte. Nous voici tout près de l'arrivée de Baudouin, et nous pouvons constater qu'il y avait déjà : 1° une terre de la Poçonnière; 2° un propriétaire qui n'avait d'autre nom que celui de sa terre; 3° un suzerain qui n'est pas le roi de France. Donc il faut renoncer à l'hypothèse du roi de France confisquant pour *despié de fié* ce domaine et le donnant en bénéfice à son « soudard ». Par ailleurs nous savons que ce Huet de Ponçay, écuyer, dit la Loupe, n'est mort que vers 1350, et en 1364 on trouve sa veuve Isabeau, actant à Vendôme, assistée de ses deux filles. Tout au plus pourrait-on dire que le roi de France procura au « puisné hasardeux » un établissement avantageux, soit en le faisant marier avec la petite-fille d'Olivier de la Poçonnière, ou bien en lui fournissant les moyens d'acheter ce domaine, et c'est précisément ce que dit Binet.

Mais quels hauts faits ce Baudouin a-t-il donc commis? et comment se fait-il qu'aucun chroni-

queur de la guerre de Cent ans n'ait parlé de cet
aventurier? Voilà un silence bien surprenant, et
plutôt inquiétant pour la justification de l'histoire,
car il ne peut y avoir eu récompense que s'il y a
eu motif à récompense.

Donc, des deux raisons données par le poète de
l'arrivée du premier Ronsard en Vendômois, l'une
est démontrée fausse, et l'autre n'est pas établie.
Que valent maintenant ses affirmations sur l'origine danubienne de ses ancêtres?

> Plus bas que la Hongrie, en une froide part
> Est un seigneur NOMMÉ le marquis de RONSART.

A cette époque reculée, il n'y avait de marquis
que s'il y avait un marquisat. Donc, d'après le
poète, et Binet le dit en propres termes, il y avait,
au début du xiv* siècle, un *marquisat de Ronsard,*
entre le Danube et la Thrace. Et comme le marquis était

> Riche d'or et de gens, de villes et de terre,

c'est que le marquisat était ancien ; il faut admettre
par suite que dès le xiii*, peut-être dès le xii* siècle,
c'était la langue française qui servait à dénommer
les fiefs bulgares.

Voilà un point de vue qui me paraît avoir échappé aux commentateurs, et qui a cependant une importance capitale. Aussi avons-nous le droit de dire : nous croirons à l'origine danubienne des Ronsard quand on aura retrouvé, déniché, dans la Moldavie, la Valachie, la Roumanie ou la Bulgarie, le marquisat de Ronsart, c'est-à-dire un lieu appelé Ronsart.

« Et l'etymologie de ce nom en *monstre* quelque chose, continue Binet, (le mot) Ronsard signifiant en la langue du païs *comme qui diroit* cœur chevaleureux. » Si ce pathos signifie quelque chose, ce serait pour annoncer que Baudouin, par ses hauts faits, justifia son nom, ou bien que ce nom présageait ses hauts faits. Mais ce n'est pas cela du tout. L'auteur veut nous faire entendre que cœur chevaleureux indique, non un cœur généreux, valeureux, mais un cœur de chevalier, un cœur à cheval, peut-être. Car il y a du cheval dans ce nom de Rossart (Ross hart), aussi le cheval est-il le timbre des armes des Ronsard, et les trois poissons de l'écusson se nomment en la langue du pays *ross*, c'est-à-dire chevaux, et se trouvent dans le Danube. Et voilà justement d'où vient le nom de la Poissonnière !

Je renonce à essayer de discuter et même de

comprendre pareille collection d'inepties. Si je les rapporte, c'est pour permettre d'apprécier le « docte Claude Binet » et les malheureux commentateurs qui ont essayé de tirer quelque chose de ce galimatias double. Replongeons donc au fond du Danube, d'où ils n'auraient jamais dû sortir, les *ross* qui sont à la fois des poissons et des chevaux, et rappelons que, puisque l'on admet que la famille Ronsard a pris le nom de sa terre, il n'est vraiment pas possible d'admettre en même temps que la terre tire son nom du surnom qui aurait été donné à ses possesseurs.

Alors des esprits subtils sont venus donner des explications ingénieuses. Il est bien évident, a-t-on dit, que ce n'est pas le *mot* français Ronsart que l'on peut espérer trouver en Bulgarie, c'est le *sens;* donc le mot Ronsart ne serait qu'une traduction. Quel serait le mot traduit?

En 1855, un publiciste français, M. Ubicini, dans son Introduction aux *Ballades et Chants populaires de Roumanie*, ouvrage de l'écrivain roumain Alexandri, apprit au monde qu'en roumain marquis se prononçait *bano*, et Ronsart *Marucini* ou *Maracina*, car *Marâcine* signifie ronce, épine. Or, tout le monde doit comprendre que le jeune Baudouin, venant en France se déraciner, ne pouvait se dispenser de changer son nom ; il s'est contenté de le traduire, mais pourquoi l'aurait-il traduit en Ronsart? La traduction qui s'imposait était *la Ronce*. Il fallut chercher ailleurs.

En 1891, un littérateur hongrois, M. Szamota, essaya de préciser davantage, nous apprend M. Lucien Beszard [1]. Le poète avait dit :

> Or, quant à mon ancestre, il a tiré sa race
> D'où le glacé Danube est *voisin de la Thrace*.

Quel est l'endroit où, comme appuie Binet, « le Danube voisine de plus près le pays de Thrace »? C'est Sistova, milieu de la courbe que décrit le Danube pour constituer la frontière septentrionale de l'ancienne Moësie, aujourd'hui la Bulgarie, qui se trouve entre le Danube et la Thrace, aujourd'hui la Roumélie Orientale. Or, au milieu même de la Bulgarie, au sud de Sistova, se trouve la ville de Tirnovo ; et savez-vous ce que signifie ce nom? « *un lieu* rempli d'épines » (bulgare et serbe *trn*, buisson épineux, comp. l'allemand

---

1. *Sur les origines de la famille et du nom de Ronsard*, par M. Lucien Beszard, de Budapest, *Revue historique et archéologique du Maine*, tome 62e, année 1907, 2e semestre, pp. 5-12.

dorn). C'est donc à Tirnovo que le père de Baudouin devait être marquis[1], et, en venant en France, Baudouin, prié de changer son nom par trop bulgare, n'eut qu'à traduire Tirnovo en *Ronssart,* puisque alors notre mot *ronce* s'écrivait *ronsse;* aujourd'hui nous écririons *Ronçart.*

Impossible, s'écrie avec chaleur M. Beszard, car le mot serait mal formé. Comment en effet le faire dériver du latin *rumicem?* C'est cependant ce mot, qui, à l'aide des suffixes *aria* et *aretum,* a donné *Roncière* et *Ronceraie,* qui ne le voit? Ah! les gens du moyen âge furent bien coupables qui oubliaient que leur langue ne pouvait provenir que du latin, et qui forgeaient des mots sans s'occuper des règles qu'allait édicter au XIXe siècle M. Quicherat. Il nous semble cependant que *Roncière* n'a jamais pu venir du mot latin (?) inventé *roumicaria,* mais tout simplement de *runcaria,* dérivé du bas latin *runcus, runchus,* ronce, adaptation du roman *ronc, ronque, rouge, rouce, rousse.*

Et puis, ajoute M. Beszard, « un nom de *plante* ne prend pas ordinairement le suffixe *ard,* d'ori-

---

1. Il se mettait bien, le père de Baudouin! Car Tirnovo est l'ancienne capitale de la Bulgarie, et c'est là que le tsar bulgare s'est fait proclamer, le 5 octobre 1908.

gine germanique, qui, en français, devient aisé-
ment péjoratif ». Mais une ronce n'est pas une
plante au sens propre du mot, et c'est bien d'ailleurs un sens péjoratif que les gens du moyen âge
tenaient à attribuer aux noms de lieux remplis de
ronce, car ils exprimaient du même coup leur ennui de ne pouvoir cultiver et de faire produire ces
terres.

Donc, la *Ronce* désigne un pied de ronce ; le
Roncier ou la *Roncière,* c'est une touffe de ronces ;
un lieu rempli de *ronciers* s'appelle aujourd'hui la
Ronceraie ; s'appelait-il autrefois *Ronçart* ou *Ronssart?* Non, dit M. Beszard, car si l'on trouve en
France « de nombreux exemples de noms formés
par le mot *ronce :* la *Ronce,* le *Ronceray,* la *Ronceraie, Ronciers,* la *Roncière,* on ne trouve pas de
Ronsard ».

C'est une erreur, car le Vendômois en est rempli.

Je laisse de côté le *moulin Ronsard,* situé sur le
Loir, à deux kilomètres de la Poissonnière, à un
kilomètre de Couture, à moitié chemin de Couture et du pont des Écluses sur le Loir, parce qu'il
est trop visible qu'il a reçu son nom de la famille
Ronsard une fois installée à la Poissonnière.

En nous rapprochant de Vendôme, sur le territoire de la commune de Villiers, au bord de la route de Montdoubleau, il existe une terre de *Ronsart* qui appartenait à l'abbaye de la Trinité.

Plus près encore, sur le territoire de la commune de Naveil, il y a les *prés de Ronsart*, près du Loir, au-dessous du gué de Villard, et tout près par conséquent de la villa gallo-romaine que nous appelons du nom tout moderne de Tourteline.

Enfin, en amont de Vendôme, à la lisière même des deux communes de Vendôme et d'Areines, il y avait : le *moulin de Ronzart*, au-dessous du moulin de Baumé, tous deux sur la Houzée ou Uosée (ruisseau affluent de la rive gauche du Loir, venant de Selommes), les *prés de Ronzart*, qui abutaient sur la *rivière de Ronzart* (la Houzée, depuis le moulin de ce nom jusqu'au gué d'Areines dans la Houzée). Le tout constituait le *domaine de Ronzart*, qui, joint au fief et seigneurie de la Bassetière (aujourd'hui la Borde, au pied du coteau, à droite de la route actuelle de Beaugency, à un kilomètre de Baumé), formait un ensemble appartenant à la fin du xviie siècle à la protestante Mme de Ramezai. Une petite partie, située sur Saint-Bienheuré, et relevant du fief du Petit-Cîteaux et de la Chappe, lui venait de son ancêtre

Bertault Lemonnier, maréchal à Vendôme, qui en fit déclaration en 1544 : la très majeure partie, située sur Areines, relevait du puissant fief du Bouchet-Estouteville, et comprenait tout le domaine de Ronzart, dont le moulin existait encore en 1718. En 1754, M. de la Porte, intendant du Dauphiné, acheta tout l'ensemble, et en fit faire l'année suivante l'arpentage et le plan général, pour parvenir à la ventilation des terres entre leurs fiefs. Le procès-verbal de cette opération (8 novembre 1755) indique « trois boisselées de terre sur lesquelles estoient *autrefois* les bastiments du moulin de Ronsard *qui sont péris;* un terrain de cinq boisselées en pasture, qui servit autrefois de chemin pour aller et venir au moulin de Ronsard, le fossé ou ruisseau de Houzée, actuellement à sec ; droit de moulin banal et de garenne à poisson, sur le ruisseau dit de Houzée, depuis le moulin de Baumé jusqu'au gué d'Areines ».

Ce moulin de Ronzart, que M. de Rochambeau indiquait en 1868 comme existant, alors qu'il avait disparu depuis près d'un siècle et demi, n'a sûrement pas reçu son nom de la famille, puisqu'on le trouve déjà sous ce nom au milieu du xie siècle. Dans la charte 83 (1037-1062) du *Cartulaire de Marmoutier pour le Vendômois,* publié

par mon regretté cousin M. de Trémault, on voit
figurer un « molendinum, in Uoseia situm, quem
vulgus *Ronzart* appellat ». *Le vulgus*, c'est les
gens qui n'emploient pas la langue des scribes,
et que ceux-ci croient sincèrement être du latin.
Ronzart est donc bien, on ne saurait le dire plus
nettement, un mot français, et déjà si ancien
que le scribe n'en peut plus pénétrer le sens ;
heureusement, car il l'aurait traduit par un à
peu près, peut-être un *Spinetum*, et l'École des
Chartes serait là pour nous imposer le mot l'*Epi-
naie*.

Voici donc le mot Ronzart existant authentique-
ment trois siècles avant le marquisat de Bulgarie,
quatre siècles avant les *Rossart* ou *Ross hart*. Allons ! il faut renoncer une fois pour toutes aux rêveries malsaines dont le poète chaussa son cerveau
dans le voyage qu'il fit en 1540, avec Lazare de Baïf,
non à la diète de Spire qui n'eut lieu qu'en 1542
(n. st.), mais en Allemagne et en *Roumanie*[1] où
le roi envoyait Baïf, de mai à septembre, « pour

---

1. Depuis 1453, la *Roumanie* ou *Romanie* désignait habituelle-
ment tout le pays occupé par les Turcs. Mais ici l'expression
signifie que Baïf est allé en Allemagne, chez le roi des Romains,
Ferdinand d'Autriche. Cf. Bibl, nat., ms. fr., *Clairambault* 1215,
fol. 79 : « Lazare de Baïf, conseiller du roy, naguères son ambas-

conférer avec certains princes de ce pays dans l'intérêt de toute la chrétienté ».

Je conclus, vieille habitude professionnelle que je transporte d'autorité dans un compartiment de la science où cette habitude fait trop souvent défaut :

1" La famille des *Ronsart* tire son nom *d'un nom de LIEU* : ce point est absolument certain, puisqu'il est reconnu par tout le monde ;

2° Ce lieu s'appelait *Ronssart* ;

3° Parce qu'il était rempli de *ronciers,* qui sont des touffes de *ronsses ;*

4° C'était donc, si c'était un fief, un fief bien maigre, et peu apte à parer celui qui en portait le nom. Aussi les *Ronssart* cherchèrent-ils à faire fortune à la guerre, où l'on trouve honneurs... et profits ;

5° Ce nom n'existe pas dans les régions danubiennes ;

6° Il est impossible, s'il n'est qu'une traduction, de le retrouver, parce qu'il est un mot trop commun désignant une situation trop commune dans tous les pays ;

sadeur en Allemagne devers le roy en Romanie et autres princes et seigneurs dudit pays. »

7° Au contraire, ce nom a existé sans interruption du xi° au xviii° siècle, aux portes de Vendôme, entre le bourg frank de saint Bienheuré et le bourg de la Chapelle d'Areines. Entre les deux se trouvaient les édifices publics gallo-romains (théâtres, thermes) qui furent détruits au début du v° siècle, juste à l'époque où la légende fait apparaître le salutaire gourdin de saint Bienheuré. Leur emplacement et les terrains avoisinants étaient devenus des *ronssarts* dans lesquels un homme courageux se tailla *le domaine de Ronssart*, édifia un moulin, recréa des prés sur le bord de la Uozée ; un de ses descendants, pressé d'ambition, tenta la fortune des armes, et réussit, puisqu'il put devenir (par acquêt? par mariage?) le seigneur de la Poçonnière ; et la race, affinée par des charges publiques ou de cour, put produire un poète.

Puisque Pierre tenait tant à se qualifier de « Vandômois », je ne le trouve pas si malheureux d'être originaire de l'un des quartiers (bourgs) les plus anciens de Vendôme ; et ne vaut-il pas mieux pour lui être issu de vrais Vendômois plutôt que de « mauvais bougres [1] » ?

---

1. C'était le mot usité au moyen âge ; aujourd'hui nous disons Bulgares.

II. — DE LA SUPPRESSION DU QUADRAÏEUL DU POÈTE

A Monsieur l'abbé Louis Froger.

C'est à vous, s'il vous plaît, que ce discours s'adresse.

A qui, en effet, puis-je soumettre mes doutes et mes incertitudes, après avoir travaillé à nouveau cette généalogie des Ronssart, si dure à établir, si ce n'est à vous, qui, mieux qu'homme de France, en connaissez les points faibles?

Avec vous, je replonge dans le beau Danube bleu le « riche » marquis de Ronsart, son puissant marquisat bulgare et son « puisné hazardeux » Baudouin, parce qu'aucun chercheur n'a pu encore découvrir les uns ou les autres, soit dans la région danubienne, soit dans le Bas-Vendômois.

Nous arrivons alors à Gervaise Ronsart, dont vous faites, suivant en cela le tableau généalogique de la Bibliothèque nationale, le quadraïeul du poète; je viens démontrer que la chose est impossible.

Ce Gervaise ne nous est connu que pour avoir

été le premier mari de noble dame Jehanne de Vendômois, très connue, elle. Et voilà bien la justice de ce monde : si elle eût été honnête femme, nous ne saurions même pas son nom ; elle fut galante, le P. Anselme s'est empressé de nous conserver tous les détails de son histoire.

Il paraît que du vivant de son mari, et alors qu'elle habitait avec lui (dans le Bas-Vendômois? dans la vallée de la Braye, à coup sûr), cette « honneste dame » eut trois enfants de Jean de Bourbon, chambellan de Charles VI et seigneur de Carency en Artois : c'était le troisième fils de Catherine de Vendôme, dernière descendante des premiers comtes de Vendôme et de Montoire, et de Jean de Bourbon, comte de la Marche et de Castres, et comte de Vendôme de 1374 à 1393. C'est avec Jehanne que ce Jehan enta sur le tronc Bourbon la branche des Bourbon-Carency, dont sortit le rameau des Bourbon-Duisant, car de sa femme légitime, Catherine d'Artois, alors vivante, Jehan n'eut pas d'enfants.

En décembre 1419, Jehanne vient de devenir veuve, Catherine a déjà disparu ; alors les deux amants songent à s'épouser. Ce n'est pas cela qui m'étonne, c'est que les Bourbons de l'époque, les frères et sœurs du seigneur de Carency, aient tenté d'empêcher cette régularisation. Enfin les amants surent obtenir de l'official du Mans, le 3 septembre 1420, une permission au curé de Savigny-sur-Braye de les marier, sans bans, où ils voudraient. Trois autres enfants arrivèrent, sans trop se presser; nous savons que le premier de cette nouvelle série, Pierre, tige de la famille de Salemard, naquit en février 1424 (v. st.); les deux derniers, Jacques, et Philippe souche des Bourbon-Duisant, ne peuvent guère être arrivés avant 1426 et 1428.

Il s'agit maintenant de faire concorder cette série de six enfants du second lit avec les deux enfants que Jehanne avait consenti à donner à ce pauvre Gervaise Ronsart; c'est ici que commence la difficulté que vous avez signalée, mais que vous vous êtes gardé de résoudre.

Suivant l'indication donnée par le tableau généalogique, ces deux premiers enfants seraient : Jehan, et André époux de Catherine de Larçay, que tout le monde accepte comme trisaïeul du poète. A quelle date a pu naître cet André?

En 1399, c'est vous qui l'avez trouvé, il est déjà marié, car il rend aveu au comte de Vendôme, au nom de sa femme, pour le fief de Taffo-reau (en Lunay), que nous retrouvons en 1456 aux mains de sa fille Jehanne, déjà veuve de Huet de Bourré ou Voré.

Il a donc au moins vingt-cinq ans; il les avait déjà en 1397 lorsqu'il rendait aveu pour une partie de la forêt de Gâtines; il est donc né au moins en 1372. Alors sa mère est née au plus tard en 1355. Donc, quand vers 1415 elle a couronné la flamme de Jean de Bourbon, elle avait soixante ans! et soixante-douze ans quand elle lui a donné son dernier rejeton!

Je sais bien qu'elle était de Bessé-sur-Braye, mais pourtant ne trouvez-vous pas bien extraordinaire pareille vitalité? Le docteur Cabanès s'empresserait de nous enlever, au profit de sa chère *Chronique médicale*, un cas aussi stupéfiant. Sans doute la belle Hélène et la belle Diane avaient dépassé le palier du cinquième, qu'elles ravissaient encore leurs contemporains; mais elles s'en sont tenues là.

Que Jehanne de Vendômois soit la mère d'André et de Jehan, c'est ce qu'il est impossible de nier, car, en septembre 1434, Jehanne fait le partage de sa première communauté avec « André de Ronsart *son fils* et de défunt Gervaise de Ronsart son premier mari », et elle se qualifie « femme de n. et p. seigneur J. de Bourbon ». Dans la procuration que donne André un mois avant, afin de procéder à ce partage (et pourquoi un mandataire, puisqu'il est, cette année-là, maître des eaux et forêts du Vendômois?), il se qualifie « héritier de feu n. Jehan Ronsart, led. Jehan *fils de feu Gervaise* Ronsart, et de n. d. Jehanne de Vendosmois, jadis femme dud. Gervaise... »

Je crois inattaquable cette filiation, et, m'inclinant devant les pièces rapportées par le P. Anselme, je reconnais qu'*une* Jehanne de Vendômois a été mariée deux fois, la première à *un* Gervaise Ronsart, dont elle a eu deux enfants, *un* Jehan et *un* André; la seconde à Jean de Bourbon, dont elle a eu six enfants (car les trois premiers adultérins ont été légitimés par le pape Eugène IV en 1438).

Mais, comme cette Jehanne ne pouvait en 1427 ou 1428 avoir plus de quarante-cinq ans, elle serait donc née vers 1383, et son premier enfant Ronsart, mettons que ce soit André, serait donc né au plus tôt en 1400. Impossible alors d'identifier cet André avec le trisaïeul du poète, qui ne peut pas être né plus tard que 1372.

Eh bien, au lieu d'en faire *le fils* de Gervaise, faisons-en *son frère,* et tout ira bien.

Alors, nous commencerions ainsi la généalogie des Ronsart :

Pas de quadraïeul connu ;

Un trisaïeul, André Ronsart, né vers 1372, marié avant 1399 à Catherine de Larçay.

Un frère *cadet* de ce trisaïeul, marié à la même époque à Jehanne de Vendômois, et dont le premier fils serait l'André signalé en 1419 et 1434.

Veuillez bien remarquer que rien ne s'oppose à ce dédoublement des André.

Car les actes de 1434 ne donnent pas à l'André qui y figure la qualification d'écuyer. Au contraire, le contrat de mariage du 15 octobre 1436 de Jehan Ronsart avec Briande de Verrières le déclare écuyer et fils aîné de « noble personne André Ronsart, écuier, et de damoiselle Catherine de Larçay ».

Enfin, aucun acte n'a dit que l'André, fils de Gervaise, fût le mari de Catherine de Larçay ; en un mot, on a eu tort jusqu'à présent de confondre deux André, l'un oncle et l'autre neveu.

Donc le poète ne descend pas de Jehanne de Vendômois, qui au lieu d'être sa grand'mère n'était que sa grand'tante. Que va dire la cheminée de la Poissonnière qui offre encore avec orgueil à son heureux propriétaire les armes de la famille de Vendômois « d'or semé d'hermines, à trois fasces de gueules », et puis encore les armes des Bourbon-Carency, que les Ronsart entendaient bien traiter de cousins, puisqu'ils les croyaient frères utérins de leur trisaïeul, « de France au baston de gueules mis en bande, chargé de trois lionceaux d'argent (qui sont Bourbon-Vendôme), à la bordure de gueules (c'est ce qui distingue les Bourbon-Carency) ». Maintenant que Gervaise Ronsart n'est plus qu'un frère du trisaïeul, les enfants du remariage de sa femme ne sont plus rien aux Ronsart.

Mais quelle est la descendance d'André, fils de Gervaise ?

III. — DU RANG DU POËTE PARMI SES FRÈRES ET SOEUR

> Je ne fus le premier des *enfans* de mon père,
> *Cinq* avant moy longtemps en enfanta ma mère[1].
>
> (IV, 97.)

Voilà qui paraît bien catégorique : cinq enfants ayant précédé Pierre, il se trouve donc sixième;

---

1. Cette référence et les suivantes se rapportent aux *OEuvres complètes de P. de Ronsard* éditées par Paul Laumonier, qui reproduisent le dernier texte (1584), publié du vivant de Ronsard. Ici, le texte du second vers est celui des premières éditions; mais on lit dans les dernières : *Cinq devant ma naissance.*

mais, comme son père a eu certainement sept enfants, il y aurait donc eu, après Pierre, un septième et dernier enfant.

Pourtant il n'en est rien, Pierre est bien, comme moi, un septième, et en outre le dernier enfant de son père ; si on l'a cru sixième, ce n'est pas de sa faute, c'est de la nôtre, nous qui ne parlons plus la même langue que lui ; et voyez un peu combien il est périlleux d'oser accuser Ronsard d'altérer la vérité dès qu'il parle de lui !

En l'espèce, comme on dit au Palais, il ne saurait y avoir aucun doute : alors que, pour nous, le mot *enfants* comprend fils et filles, il ne signifiait, pour les gens du xvie siècle, que les fils ; c'est ainsi que l'entendent encore aujourd'hui les gens de la campagne, ces conservateurs obstinés des us et coutumes qui furent en honneur aux siècles passés parmi les gens bien élevés.

C'est Binet qui le déclare, et il me paraît difficile de récuser sur ce point l'autorité d'un contemporain : « Il ne fut l'aisné de sa maison, ains eut cinq *freres* nez auparavant luy. »

Or, Ronsard avait une *sœur*, Louise, fille d'honneur en 1531 [1] de la reine Éléonore de

---

1. Date donnée par le *Tableau généalogique*, mss. conservé à

France. Elle épousa, le 2 février 1532 [1], François de Crevent. seigneur de Cingé (près Reuilly), Jumilhac, Chaulmes et Villeret. Ses parents s'étant mariés au début de 1514 (leur contrat de mariage a été reçu le 2 février par Martin et Mesnard, notaires à Saint-Aignan). Louise ne pouvait, en février 1532. avoir que dix-sept ans bien juste.

J'en fais donc l'aînée. Après elle, s'échelonnent les six fils.

> Cinq, avant moy *longtemps*, en enfanta ma mère.

Elle ne me paraît pourtant pas avoir perdu son temps cette pauvre femme, qui, si son poète est né en septembre 1524. n'a eu que onze ans, du début de 1514 à la fin de 1524, pour donner sept enfants à son deuxième, je devrais dire son troisième mari; je trouve, au contraire, qu'elle a joliment rattrapé le temps perdu avec les deux premiers.

la Bibliothèque nationale, Cabinet des Titres. et publié par M. l'abbé L. Froger, au cours de son précieux travail : *Nouvelles recherches sur la famille de Ronsard* ;Revue historique et archéologique du Maine, t. XV, année 1884, 1er semestre).

1. Date donnée par le même *Tableau*, et adoptée par M. l'abbé Froger. Je ne sais où M. de Rochambeau a été prendre celle du 4 mars 1537 (*Famille de Ronsart*. p. 36).

Mais puisque, par ce mot *longtemps*, le poète tient à faire savoir qu'il fut un *tardillon*, essayons, en serrant les naissances, d'obtenir un certain intervalle entre ses six aînés et lui. Nous pourrions obtenir le tableau suivant :

1er Louise, née à la fin de 1514 (n. st.) ;

2e Claude, c'est l'aîné, oui, mais seulement des fils. Comme il a épousé, dès le 1er octobre 1537, ma cousine Catherine Tiercelin, je ne crois pas inutile de le faire naître dès la fin de 1515 (n. st.), afin qu'il ait à peu près vingt-deux ans en se mariant. Comme il est mort le 30 septembre 1556, il fait partie des « trois vivants » dont parle l'*Élégie autobiographique* parue en novembre 1554 :

3e et 4e. Ici pourraient se placer, fin 1516 et fin 1517 (n. st.), les naissances des deux frères morts en bas âge. Il est naturel que Ronsard commence par eux, puisqu'ils sont morts, le décompte de ses frères :

> Deux sont morts au berceau ; aux trois vivans, en rien
> Semblable…

Mais ce n'est pas une raison pour en faire des aînés.

5e et 6e. Il reste à caser Charles, le protonotaire apostolique, et François, dont le nom seul a pu être retrouvé par M. l'abbé Froger ; mettons (car il faut bien laisser reposer un peu la mère), fin 1519 et fin 1520 (n. st.).

Alors il reste quatre années seulement entre la naissance du sixième et celle du septième, et cet espace de temps parut être moins long à la mère qu'au poète, si impatient de venir au monde.

Je ne crois pas inutile d'expliquer la note par trop concise de Marcassus, qui a fait le commentaire des Élégies.

« De l'aîné (Claude), étaient encore vivants en 1623. comme *petit-fils* :

« (M.) de la Possonnière » : c'est Jehan de Ronsart, seigneur de la Poissonnière dès 1582, mort en 1626 sans enfants de son mariage avec Marie Louet ; il était petit-fils de Claude, comme fils de son fils aîné Loys de Ronsart, époux d'Anne de Bueil ; la Poissonnière demeura jusqu'aux environs de 1700 dans cette branche aînée.

« Et le chevalier Ronsart », c'est un autre Jehan de Ronsart, seigneur de Glatigny (en Savigny-sur-Braye), auteur du rameau de la Linoterie et mari d'Hélène de Percy ; il était l'aîné des treize enfants (cinq fils, huit filles) de Gilles de Ronsart, auteur de la branche de Glatigny, cinquième enfant et deuxième fils de Claude, qui eut quatre fils et trois filles.

« Et plusieurs filles des uns et des autres. » La singulière rédaction! et que veut dire Marcassus avec ces « uns et ces autres »? Entend-il par là les descendants des autres enfants du père du poète? Mais, seuls, Claude et Mme de Crevent laissèrent postérité. Alors?

Entend-il les descendants des enfants de Claude? Alors nous avons comme filles de Loys : 1° Françoise, qui fut la mère de Jean Le Gay qui posséda et garda la Poissonnière dans sa descendance; 2° Anne, devenue Mme de Baussan.

Comme filles de Gilles nous avons : 1° Françoise, Mme Lelièvre, qui garda la Voulte de Troô dans sa descendance jusqu'à nos jours; 2° Suzanne, épouse de Jean de Mellet; 3° Jeanne, qui épousa, en 1619, Pierre de Tascher, et fut la quadraïeule de l'impératrice Joséphine, et tu ne t'en doutais pas, ô Marcassus!

IV. — DE LA DATE DE NAISSANCE DU POÈTE

Il est de ces questions que l'on n'ose plus poser, parce qu'elles semblent tranchées d'une façon irrévocable. Ainsi de la date de naissance de Pierre : n'était-il pas universellement admis, jusqu'à ces dernières années, que c'était le *samedi 11 septembre 1524* ?

Nous allons faire voir — rapidement, car tant d'autres nous ont frayé le chemin, — que cette date est impossible à admettre, et que nous ne pouvons même pas connaître l'année de la naissance du poète, mais que c'est de notre faute, parce que, comme toujours, nous n'avons pas su entendre le poète.

Approchons-nous de la source où sont venus puiser tous les biographes, le *Discours de la vie de Pierre de Ronsard, gentilhomme vandômois,* composé et publié quelques mois après la mort du poète par Claude Binet, cet ami de la onzième heure, devenu son exécuteur testamentaire. Binet,

que certains voudraient faire passer pour « docte »,
dut à sa hâte seule la gloire de devenir le biographe officiel de Ronsard. Voyons un peu jusqu'à
quel point il l'a méritée :

« Pierre de Ronsard nasquit au chasteau de la
Poissonnière... au village de Cousture. »

« Au village de Cousture... » Double erreur :
le château n'est pas dans le village, ne joint même
pas le village, car il y a un bon kilomètre de rase
campagne entre les deux, bien que le village ait
pris son extension du côté du château. Et puis,
pourquoi Cousture? Il s'agit bien de coudre! Il
faut écrire Couture.

« En la varenne du Bas-Vandômois... » Il y a
bien d'autres varennes que celle-là dans le Bas-
Vendômois.

« Situé... » Il faut entendre non la varenne,
mais le château.

« Sur le pied d'un costeau... » Expression
juste, si elle veut dire que le château est encore
sur la pente.

« Un samedy 11 de septembre 1524, *auquel
jour* le roy François Iᵉʳ fut prins devant Pavie. »
Énormité chronologique contre laquelle le *Dic-
tionnaire historique* de Bayle se devait de protester : « *Toute la terre sait,* dit le terrible railleur,

que François Ier fut battu devant Pavie le 24 de février 1525. »

1525, pour nous modernes, qui, pour notre commodité personnelle, avons appliqué notre computation à une époque qui se servait d'une autre, et avons pris l'habitude de remonter au 1er janvier qui les *précédait* le début des années qui commençaient alors à Pâques. Notre point de départ du 1er janvier est absurdement choisi, mais il a l'avantage d'être fixe, tandis que la fête de Pâques est des plus mobiles. Ainsi, l'année 1524, commencée un 27 mars, se termina, plus de douze mois et demi après, le soir du samedi saint 15 avril.

C'est deux mois avant sa fin qu'a eu lieu la bataille de Pavie, c'est cinq mois avant cette bataille, donc dans la même année 1524, que Ronsard a placé sa naissance, et il l'a fait avec une solennité qui aurait dû suffire à attirer l'attention de son étourdi biographe.

> Sans mentir je diray verité
> Et de l'an et du jour de ma nativité.
> *L'an* que le Roy François fut pris devant Pavie.
>
> (IV, 96.)

L'an..., c'est *dans l'année* de la bataille. Et le

docte Binet, qui ne savait pas ses dates, n'a même
pas pris la peine de relire cette élégie, à laquelle
il se réfère cependant une page plus haut.

> Le jour d'un *Samedy*, Dieu me presta la vie
> *L'onzieme* de *Septembre*.

Mais voilà qui ne va plus. Les chronologistes
ont vérifié, et ont trouvé que le 11 septembre 1524
fut, non pas un samedi, mais un dimanche. C'est
le *Journal de Verdun* qui, en 1757, signala ce
défaut de concordance, qui suffirait à vicier un
testament même authentique. La première idée
qui viendra à l'esprit de tout lecteur est qu'il faut
se résoudre à opter entre le quantième et le jour;
le *Journal* l'a fait, il a opté pour le jour, et a donc
placé la naissance au *samedi* 10 septembre. C'est
un moyen de sortir d'embarras, ce n'est pas une
solution : car cette option entre les deux parties
contradictoires d'une seule et même affirmation,
qui l'a autorisée?

Restait le quantième du mois, le chiffre 11; le
Journal l'a utilisé en en faisant le jour du baptême; « et c'est là, si je ne me trompe, la vraie
solution de cette difficulté ». C'est une erreur de
plus, bien qu'elle ait été adoptée par le bibliophile

Jacob et par la *Biographie Michaud*[1], car le poète a tenu à nous apprendre que son baptême a eu lieu le même jour que sa naissance, lorsqu'il fait allusion à l'accident qui faillit lui coûter la vie :

> et *presque* je me vy,
> *Tout aussi tost que né*, de la Parque ravy.

Il est évident que *presque* s'applique à *ravy*, et n'a été mis là que pour en restreindre le sens ; si, en effet, on l'applique à *aussi tost*, il en résulterait que *ravy de la Parque* recevrait nécessairement toute son extension, et le poète se trouverait déclarer lui-même qu'il est *mort* le lendemain de sa naissance.

Donc, Binet et Ronsard lui-même nous laissent dans l'incertitude la plus absolue sur le jour de la semaine et le quantum du mois.

Quant à l'année, Ronsard lui-même s'est chargé de nous mettre en défiance contre sa propre déclaration : toute sa vie il a parlé de lui, et de son âge : jamais il n'a cessé de varier :

---

1. Et aussi par M. Nouel auquel j'emprunte ces derniers renseignements, dans sa *Note critique sur le jour de naissance de Ronsard. (Bulletin de la Société archéologique du Vendômois*, année 1886, pp. 62 et 63.)

> — Tu dis que je suis vieil, encore *n'ay-je atteint*
> Trente et sept ans passez...
>
> (V, 405.)

Il est encore dans sa trente-septième année ; s'il est né en septembre 1524, sa trente-septième année va du 10 septembre 1560 au 9 septembre 1561. Mais il est admis que la pièce d'où ces vers sont tirés fut composée et publiée quelques semaines, dit Bayle, après la mort du duc de Guise sous Orléans (24 février 1563 n. st.) ; mettons un mois pour faire bonne mesure, nous voici à la fin de mars 1563 (n. st.) ; à cette date il aurait trente-huit ans et demi ; ou bien alors, puisqu'il est sur le point d'achever sa trente-septième année, c'est qu'il serait *né en avril ou mai* **1526,** vieux ou nouveau style, puisque l'année 1526 commença le 1ᵉʳ avril.

> — Je vous passe, mon Roy, de vingt et deux années.
>
> (III, 182.)

Quelle précision ! Mais comptons : Charles IX étant né le 27 juin 1550, Ronsard serait né en **1528** (exactement du 27 juin 1527 au 26 juin 1528).

En tête de l'édition originale des *Amours,* publiée en septembre 1552, se trouve son portrait,

autour duquel rayonne son âge, vingt-sept ans.
27, retirés de 1552, donnent septembre **1525.**
Si c'était là la véritable année? Mais non! le
11 septembre 1525 est un *lundi.*

« Il est un peu surprenant, dit Bayle en termi-
nant cette discussion, que notre poète n'ait *pas
bien su quand il était né.* » Le trait a du bon, mais
Bayle nous la baille belle!

Comment sait-on le jour de sa naissance? Par
le rapport de ses parents, par les notes par eux
prises, par les registres d'état-civil. Les souvenirs
des parents? Je ne connais rien de plus incertain,
et je viens d'en avoir la preuve. Les mères se sou-
viennent très bien du jour, à cause de la sainte
qu'elles invoquèrent, mais pas du tout de l'année;
d'ailleurs, n'est-ce pas toujours d'hier pour elles?
Les pères, eux, ont peine à ne pas intervertir
l'ordre de leurs rejetons. Les livres de raison [1]? Ce
n'est pas Pierre, un septième, qui les aurait eus en
sa possession, c'est son aîné, Claude. Les registres
d'état-civil? Mais en était-il seulement tenu à cette
époque? Les registres paroissiaux de Couture qui
nous ont été conservés commencent : ceux des
baptêmes au 6 octobre 1600, ceux des sépultures

---

1. Cf. p. 46.

et ceux des espousailles les 12 octobre et 12 novembre 1601. Ceux des baptêmes de la paroisse
voisine de Ternay commencent dès 1552, les mariages et sépultures ne commencent qu'en 1610.
A Vendôme même, les registres conservés de la
paroisse la plus importante, celle de Saint-Martin,
ne commencent pour les baptêmes qu'au 7 octobre 1578 ; ceux de la Madeleine, chance singulière pour la dernière venue des paroisses de la
ville, commencent dès le 10 février 1536. A Montoire-sur-Loir, ceux de la nouvelle paroisse Saint-
Laurent commencent en 1535, ceux de la vieille
paroisse Saint-Oustrille ne commencent qu'au
2 mars 1590. Ceux de Villedieu-en-Beauce commencent non en 1480, mais en 1548.

Au lendemain de la mort du poète, ses amis les
plus intimes ne savaient pas du tout son âge, encore moins la date de sa naissance : devons-nous
espérer, plus de trois siècles après, être plus heureux qu'eux?

« Quant au tems de sa naissance, disait le 24 février 1586 l'abbé Davy (figuration exacte de la
prononciation du mot David) du Perron, dans
son oraison funèbre, il y en a *diverses opinions;*
les uns *veulent* qu'il soit né l'an *1522,* et par ainsi
(qu'il soit) mort *en son an climatérique* » (année

composée de sept ou de neuf années, aussi la *grande climatérique* est la soixante-troisième année, puisqu'elle est le produit de 7 multiplié par 9 : donc, lorsqu'on a franchi cet *âge critique* de l'homme, on ne craint plus rien, c'est Littré qui nous le promet). Mais du Perron a mal calculé : en décembre 1585, Ronsard, s'il eût été au milieu de sa soixante-troisième année, n'aurait eu que soixante-deux ans et demi, ce qui le ferait naître au milieu de **1523**.

« Les autres *s'arrestent* (parce qu'il faut bien s'arrêter à quelque chose) à ce qu'il en a escrit, ayant signalé l'année de sa nativité par la prise du grand roy François devant Pavie, qui se rencontre justement en un mesme jour que celuy auquel nous célébrons la mémoire de sa mort, qui est la feste de saint Mathias » (24 février).

Cette rage de rapprochements doit achever de nous mettre en défiance. Mais il ressort de tout cela que Ronsard peut être né de 1523 à 1528.

CONCLUSIONS

Assez difficiles à prendre. Quel va être notre *critère*? Voyons un peu.

La déclaration de Ronsard se compose de trois

parties bien distinctes : l'année, le quantième du mois et le jour de la semaine. Sur quelle partie a-t-il pu se tromper ou aurait-il voulu nous tromper?

Le jour de la semaine, le quantième du mois, le mois lui-même doivent être exacts, car quel intérêt aurait-il eu à les fausser? Il ne paraît pas que ce soit la fête de saint Hyacinthe qui ait pu l'y inciter (11 septembre).

Mais l'année a une tout autre importance. Il a dû plaire à sa vanité de se dire né précisément dans l'année où a eu lieu la terrible défaite de Pavie, et ce, dans le but charitable de consoler la France; presque tous les commentateurs ont pensé qu'il avait inventé cette coïncidence, justement parce qu'il a bien soin de la mettre en valeur.

Alors, laissons de côté l'indication de l'année, et recherchons de 1520 à 1530 un 11 septembre qui soit un samedi. Ça doit se trouver.

Et si ça ne se trouve pas? Alors Ronsard ne sera pas né du tout?

Allons! puisque cette voie, uniformément suivie depuis trois siècles, nous mène droit à une absurdité, il faut en suivre une autre. Et ma conclusion, la voici tout de suite :

Ronsard est né le *dimanche* 11 septembre 1524.

Où je vois cela? Mais dans son texte! Seulement, il faut savoir le lire, et pour le lire, savoir le couper :

> *L'an* que le Roy François fut pris devant Pavie
> (sans virgule)
> Le jour d'un samedy, (virgule énergique).

Voici, n'est-ce pas, une phrase qui se suffit, et un sens bien complet. Quel besoin, me direz-vous, le poète avait-il de désigner le jour de la semaine où fut perdue la bataille de Pavie? Un besoin énorme pour un poète : *il avait besoin d'une cheville.* Il s'est trompé, car le 24 février 1524 (v. st.) fut un vendredi, mais cela n'a pas d'importance.

> Dieu me presta la vie (sans virgule)
> L'onziesme de septembre. (virgule).

Autre sens des plus complets, et qui se suffit parfaitement. Il faut en vérité n'avoir aucune idée de la langue française pour croire que, même en vers, même au xvie siècle, on aurait osé donner cette construction de phrase : « le jour d'un sa-

medy Dieu me fit naître le 11 du mois de septembre ». Donc, puisque ce ne peut être cela, c'est
ma leçon qui est la bonne.

Et voilà encore une question résolue. C'était
pourtant bien simple !

V. — DU BAPTÊME DU POÈTE

> Et *presque* je me vy,
> Tout aussi tost que né, de la Parque ravy.

« Peu s'en falut, paraphrase Binet, que le jour
de sa naissance ne fut aussi le jour de son enterre-
ment (voyez combien Binet se refuse à faire porter
sur deux jours distincts la naissance et le baptême) ; car, comme on le portoit baptiser du chasteau de la Poissonniere en l'église du lieu, celle
qui le portoit, *traversant un pré...* »

Combien de fois n'ai-je pas sur place examiné
le cas? Comment a-t-elle fait, la porteuse, pour
traverser un pré entre la Poissonnière et l'église
de Couture? Est-ce qu'il y a quatre siècles il n'y
avait pas, comme aujourd'hui, un chemin direct
pour relier le château au bourg, ou du moins à

l'église? Même s'il eût été indirect, quelle idée de prendre par les prés, quand on porte un nouveau-né! Ou bien alors cela donne une riche idée des chemins de l'époque.

Ce pré, quel peut-il être? Tout le monde le sait et me crie : Le pré Bouju! Pardon! il n'y a pas de pré Bouju, il y a la *pièce à Bouju:* c'est, non un pré, mais une terre labourable qui s'étale devant la Poissonnière, et est bordée à l'est par le chemin qui mène au bourg. Admettons qu'à l'époque ce fût un pré haut, une noue. Et ce nom Bouju, d'où lui vient-il? De la puissante famille Bouju du Mans, disent les gens qui affirment tout. Mais il faudrait commencer par prouver que cette famille avait des biens en Couture. Pourquoi aller chercher si loin? Il y avait alors des Bouju dans tout le Vendômois. Au début du xvi⁰ siècle, il y avait à Vendôme un Michel Bouju, corroyeur : à la fin, je trouve deux Bouju à Couture même. A Orléans, il y a. en ce moment, un docteur Bouju.

« ... Celle qui le portoit, traversant un pré, le laissa tomber par mesgarde à terre; mais ce fut sur l'herbe et *sur les fleurs...* »

Des fleurs à la mi-septembre, dans un pré qui n'a pas manqué d'être fauché à la fin de juin?

Binet n'a donc jamais vu un pré? C'est tout au plus si, le 11 septembre, on peut trouver quelques fleurs (couleur lilas clair), du colchique d'automne (appelé encore veillotte, safran sauvage, tue-chien, oh! mon poète!); ces fleurs présentent d'ailleurs cette singularité qu'elles apparaissent six mois avant les feuilles. Ah! si Binet eût connu cette particularité, quel autre parallèle n'eût-il pas proposé à l'admiration de ses lecteurs! Je note encore que « la *feuille* est très dangereuse pour les animaux qu'elle empoisonne »[1].

« ... Sur les fleurs qui le receurent *plus doucement.* » La belle douceur, en effet! Pour peu que l'année eût été chaude, la sole du pré était durcie, crevassée même, avec des bords rugueux, et dès son premier jour le pauvre enfant connut combien la terre est dure à l'homme.

« Et eut *encor* cet accident (comment! ce n'est pas tout? Maître Binet, impitoyable maître Binet, vous abusez!) une autre rencontre qu'une damoiselle qui portoit un *vaisseau* plein d'eau rose et d'amas de diverses herbes et fleurs, *selon la cous-*

---

1. *Les Plantes nuisibles en agriculture et horticulture et les moyens de les détruire,* par E. Menault et H. Rousseau, avec 80 planches en chromolithographie. — Paris, Doin, 1902, p. 112.

lume (je l'ignore, cette coutume ; et puis voilà bien
des cérémonies pour un septième !) pensant aider
à recueillir l'enfant, luy renversa sur le chef une
partie de l'eau de senteur... » Cette série d'é-
croulements présageait suffisamment que tout le
monde lui tomberait dessus, mais Binet a trouvé
autre chose : « ... qui fut un presage des bonnes
odeurs dont il devoit remplir la France des fleurs
de ses doctes écrits. » Voilà ce qu'on appelle
concetti au delà des monts, dit Bayle. Hélas ! il y
a des fleurs sans odeur, et toutes les odeurs ne
sont pas bonnes, maître Binet. Mais, puisque
c'est par accident que l'eau de rose lui est tombée
sur le chef, à qui donc était-elle destinée ?

Notre brave chanoine Simon, qui connaissait
les lieux, et qui écrivait vers 1760, essaya d'ar-
ranger un peu cette légende qui lui semblait
comme à moi mal présentée :

« Peu s'en fallut que le jour de sa naissance ne
fut aussi celui de sa mort : la *sage-femme* qui le
portoit du château à l'église paroissiale pour y
recevoir le baptême, laissa tomber l'enfant dans
un fossé (elle avait donc pris le chemin. ou avait
eu tout au moins l'intention de le suivre, mais
elle avait sans doute trop *brindé* entre messe et
vêpres) ; heureusement qu'il ne tomba que sur le

gazon et sur des fleurs (dans les fossés en effet il peut y en avoir), et qu'il ne reçut aucune blessure de sa chute (bon chanoine, qui pense à tout!). »

Mais un fossé, en voilà un endroit pour faire tomber notre Poète! Aussi, le brave chanoine se garda bien de tirer aucun présage.

1909-1911.

LA CASSANDRE DE RONSARD ET
LE CHATEAU DE TALCY.

La Cassandre de Ronsard
et le château de Talcy.

I. — CASSANDRE SALVIATI

Depuis trois siècles et demi, le nom de Cassandre est lié d'une façon indissoluble à celui du poète, qui, pendant dix ans, sans trop se lasser, chanta sa belle sur tous les modes, sur toutes les lyres. Sans doute elle eut des remplaçantes, mais la première image subsista, avec une telle force que, vingt-cinq ans après la première rencontre, il lui adressait encore ces vers, d'une mélancolie si tendre :

> L'absence, ny l'oubly, ny la course du jour
> N'ont effacé le nom, les grâces ny l'amour
> Qu'au cœur je m'imprimay dés ma jeunesse tendre,
> Fait nouveau serviteur de toy, belle Cassandre.

Belle? Cette mauvaise langue de Brantôme s'empressa de hausser les épaules : « M. de Ronsard me pardonne, s'il lui plaist ; jamais sa maîtresse, qu'il a faite si belle, ne parvint à cette beauté. »

Puisque les contemporains pouvaient disputer sur sa beauté, c'est donc que la Cassandre de Ronsard n'était pas une simple imagination de poète.

Alors, qui était-ce?

Le problème est délicat ; car il va sans dire que le poète semble avoir pris à tâche, par des contradictions qui paraissent calculées, de décourager une curiosité qui aurait pu gêner la dame, et peut-être irriter son mari ; car, comme Laure de Noves, la Cassandre du poète se maria, pas avec son Pétrarque.

« Avec un Vendômois, » a répété plusieurs fois le poète ; et si, sur ce point au moins, il a « dit vérité », nous voilà tenus de chercher à dévoiler l'incognito de la dame.

Il est des recherches archéologiques moins agréables. D'ailleurs, pour faciliter notre besogne, Ronsard nous a donné les renseignements suivants :

1° En avril 1545 ou 1546, il a vu pour la première fois sa Cassandre à Blois ;

2° Elle y était née ;

3° Elle était d'une famille riche ;

4° Elle avait alors dans les quatorze ans ;

5° Elle a. quelque temps après, épousé un Vendômois. dont le nom permettait au poète de parler d'un *pré* dont sa Cassandre était la fleur.

Cela tournait un peu au logogriphe, et pendant trois siècles les curieux, rebutés, finirent par affirmer qu'il était insoluble. lorsqu'en 1873 fut publiée une lettre d'Agrippa d'Aubigné qui contenait cette affirmation catégorique d'un contemporain : « J'ay cogneu Ronsard privément... Mes premiers amours s'attachèrent à Diane de Talsi, *nièce* de Mlle *de Pré, qui estoit sa Cassandre.* »

Le voile est déchiré. nous pouvons suivre la filière. grâce aux renseignements précis que nous apporta en 1884 le superbe ouvrage *les Châteaux du Blaisois,* de M. Storelli.

Le château de Talcy, situé entre Mer et Marchenoir, et qui relevait de Beaugency, appartenait depuis 1517 à Bernard Salviati. qui eut quatre enfants, deux fils et deux filles. L'aîné, Jean. eut de sa femme Jacquette Mâlon (encore une Vendômoise) plusieurs enfants dont l'ainée fut Diane. L'une des deux filles de Bernard s'appelait *Cas-*

sandre, et épousa Jean Peigné, seigneur de Pray en Vendômois.

Pray? Cassandre? la tante de Diane? « Mais la voilà! la Cassandre de Ronsard! » s'est écrié M. Henri Longnon (*Revue des Questions historiques*. janvier 1902). — « C'est bien elle, » a confirmé M. Paul Laumonier (*Revue de la Renaissance*, octobre-décembre 1902, pp. 73 à 115), dans une étude des plus fouillées.

On tient à faire cadeau d'une jolie femme au pays vendômois. Comment refuser?

Mais que devint Cassandre, une fois mariée à son Peigné?

Nos auteurs n'en savent rien, parce qu'aucun livre ne l'a dit encore. Je suis heureux de pouvoir leur offrir des renseignements tout à fait inédits, et que j'ai découverts dans le Cartulaire, dressé vers le milieu du xviiie siècle, des titres de la Maison-Dieu de Vendôme, dont les biens passèrent en 1623 au collège de l'Oratoire.

Tout d'abord, je fixe la date du mariage de Cassandre. M. Laumonier avait cru pouvoir conjecturer vers 1551, « entre janvier 1550, date de la publication des *Odes*, qui n'en laissent rien paraître, et septembre 1552, date d'apparition des *Amours*, qui s'en plaignent amèrement » (article de 1902, cité plus haut).

C'est en 1546, le 23 novembre, que fut passé devant Rotelet, notaire à Beaugency, le contrat de mariage de Cassandre, sept ou dix-neuf mois après la première rencontre, suivant qu'on la place en 1545 ou en 1546.

Mais alors, puisqu'il nous fallait une dame mariée seulement en 1551, la Cassandre du poète ne saurait être Cassandre Salviati, et voilà bien compromise l'hypothèse destinée à remplir les six années écoulées de 1545 à 1551.

Je remarque encore que les Salviati ne devaient pas habiter Blois, puisqu'ils ont pris un notaire de la châtellenie de Beaugency, dont relevait leur fief de Talcy.

Jean Peigné était fils de Jehan Peigné, seigneur de Pray en Vendômois, et de Renée de Fromentières. Il avait pour oncle Thomas Peigné, seigneur de Ménainville en Dunois, dont la fille Jehanne épousa Pierre Belon ; leur fille Christine épousa en 1512 Mathurin de Vimeur, qui en 1516 reçut la terre de Rochambeau.

La famille Peigné, installée à Pray depuis le

xive siècle, n'en possédait la seigneurie que depuis le milieu du xve.

En 1440, Guion Peigné est indiqué, dans un aveu rendu par la Maison-Dieu au comte de Vendôme, comme devant foi et hommage à la baronnie de Courtiras [1], pour dix-huit arpents de bois sis à Poimule, paroisse de Lancé, et pour « sa métairie de la Toise assise en la paroisse de Pray ».

En janvier 1476, Guy Peigné, seigneur de Pray, fait foi et hommage pour Poymule et pour la Toise, tous deux qualifiés cette fois de fiefs et seigneuries.

Le mari de Cassandre possédait encore ces deux fiefs, et par son contrat de mariage il donna la Toise à sa future, « en faveur de mariage ».

En 1595, Cassandre Salviati est veuve, maláde et vieille. Si elle avait quatorze ans en 1545 ou 46, elle en a maintenant près de soixante-cinq.

Le 9 décembre, elle passe procuration, par-de-

---

1. Depuis 1361 la baronnie de Courtiras-lès-Vendôme appartenait à la Maison-Dieu, par suite de la cession à rente viagère que lui en avait faite Guillaume de Poncé, et à la charge aussi d'acquitter ses dettes.

vant Lasseron, notaire, pour rendre foi et hommage en son nom à la seigneurie de Courtiras, pour sa *métairie* de la Toise, et elle signe l'acte. Sans doute la mort de son mari a fait produire effet à la donation par lui faite cinquante ans avant, et, en raison de cette mutation de propriété, elle est tenue de faire aveu en son nom propre.

Le 31 décembre, l'aveu, signé d'elle et des notaires, est déposé ; il est ainsi conçu, dans le résumé du Cartulaire :

« La terre et *seigneurie* de la Toise est tenue de la seigneurie de Courtiras à foy et hommage simple, rachat et autres droits et devoirs, selon la coutume du pays, consistant en :

« Maisons avec une noue où *souloit* y avoir un bois de haute futaye (signe de fief), le tout en un tenant, contenant environ quatre sestrées de terre[1].

« Item une pièce de terre de quinze sestrées huit boisselées appelée le *Marchais où l'on puise ;*

« Item une autre pièce contenant six sestrées huit boissellées appellées les *Raises.*

« Item dix-neuf sestrées quatre boissellées en

---

1. Pray entier suivait les mesures agraires de Vendôme. La setérée de Vendôme, 62 ares o46, devenue en 1812 notre arpent actuel, était les trois quarts du vieil arpent de 82 ares 73.

une pièce appellée le *Chesne Duit* et la *Huislière*.

« Item vingt-une sestrées six boissellées en une autre pièce appellée les *Fosses de la Toise*, anciennement le *clos Marchant*.

« Item quatorze boissellées en une nouc appellée la *noue de Riot*. »

Mais Cassandre avait attendu trop longtemps pour faire sa foi: l'huissier fut plus diligent qu'elle: avant même le dépôt de son aveu, avant surtout qu'il ne fût reçu aux assises du fief, sa métairie est saisie pour défaut d'hommage.

Le 5 janvier 1596, sous la signature de son procureur Simonneau, elle fait nouvelles offres de foi et hommage, et présente requête pour obtenir mainlevée de la saisie pratiquée à la requête du seigneur suzerain ; elle y joint la présentation faite de son hommage le 31 décembre.

Le 31 janvier « autres offres de la même de faire foy et hommage pour ladite métairie de la Toise par procureur, avec attestation de témoins comme elle est *detenue au lict, malade*, et requête pour avoir mainlevée de la saisie de ladite métairie, par défaut de foy et hommage et devoirs rendus à ladite seigneurie de Courtiras. — Signé Simonneau. »

Cassandre semble n'avoir eu qu'une fille, nommée comme elle Cassandre, qui épousa, le 9 novembre 1580 (cinq ans avant la mort du poète), Guillaume Musset, écuyer, seigneur de la Rousselière, du Lude, d'Ouzouer-le-Breuil, de la Courtoisie et de Pray, fils de Claude Musset et de Marie Girard, dite de Salmet, qui apporta la Bonaventure dans la famille de Musset.

La fille dut mourir avant la mère, et Cassandre Salviati décéder seulement vers 1606, car, en 1607, le 27 juin, « François et Charles Musset, mineurs de *feu* Guillaume Musset, leur père, héritiers de damoysele Cassandre Peigné, leur *ayeule* », font rédiger par Joly un « aveu pour leur terre et seigneurie de la Toise, paroisse de Pré, tenue de Courtiras à foy et hommage simple, etc. » (même rédaction qu'en 1595).

« Reçu en justice le 11 juillet, » a ajouté le fabricateur du Cartulaire. — Je trouve le 17 avril 1608 « acte du bailly de Courtiras de la foy et hommage faite à ladite seigneurie par François et Charles Musset pour leur métairie de la Toise, paroisse de Pré, avec le dénombrement énoncé dans l'aveu par eux rendu le 27 juin 1607 ».

A cette date, en effet, les enfants devaient être majeurs.

François fut seigneur de Pray ; Charles reçut la Bonaventure de son aïeule Marie Girard, qui l'avait héritée de son frère Jean, dit de Salmet.

Le fils de François, François II, fut aussi seigneur de Pray, et eut encore la Toise et Poymule ; il fut enterré le 26 juin 1653 dans l'église de Pray. Après lui, ces deux fiefs échurent à sa sœur Marie Musset, épouse de Pierre d'Alès, sieur de Corbet, qui rendit aveu pour les deux le 23 juillet même année.

Vers 1664 la seigneurie de Pray fut vendue à Bernard de Fortia.

La terre de la Bonaventure resta dans la descendance de Charles jusqu'à l'an VI. En 1809 elle fut rachetée par Victor-Donatien de Musset, et ses enfants, dont Alfred, la revendirent le 31 mars 1847.

*
* *

Les ronsardisants les plus acharnés avaient donc perdu la trace de Cassandre Salviati. On savait, bien qu'un peu vaguement, qu'elle avait été mariée à un seigneur de Pray en Vendômois, qu'on appelait d'Épeigney. Mais à quelle date remontait ce mariage? Qu'était-elle devenue? Qu'arriva-t-il ensuite? Quand était-elle morte? Notamment, avait-elle survécu à Ronsard, mort le 27 décembre 1585?

Les auteurs, les généalogistes aussi, n'en savaient absolument rien, et pour un peu l'auraient plantée là : quelle idée, d'abord, de s'être mariée! et puis, surtout, d'avoir été épouser un Vendômois, enfin d'être venue s'enterrer en Pray!

C'est pourtant le Vendômois qui a gardé sa trace, et c'est un Vendômois (je m'en flatte) qui l'a retrouvée. J'ai fouillé, j'ai compulsé, j'ai dépouillé... et j'ai pu vous apporter : la date de son contrat de mariage, passé le 23 novembre 1546 devant Rotelet, notaire à Beaugency; la date de son décès (environ 1606) J'ai pu vous la montrer, devenue veuve dès avant 1580, se débattant en 1596 contre la rigueur des lois féodales. Cassandre vieille, Cassandre saisie, Cassandre aux prises avec les sergents et les procureurs, tout comme une comtesse de Pimbesche, mais ne paraissant pas y prendre le même plaisir : M. Blanchemain ne se fût-il pas évanoui d'horreur?

Alors, de sa plume alerte, mon ami P. Dufay s'empressa de conter aux graves lecteurs des sévères *Débats* : « la vieillesse de Cassandre[1] », et sembla établir avec bienveillance la sagacité avec laquelle je retrouvais les dames perdues quand elles étaient devenues vieilles. Je me piquai, je fouillai à nouveau : la Fortune me devait une compensation, elle me la laissa prendre.

C'est Cassandre jeune que je vous présente maintenant : vingt ans au plus, mariée depuis cinq ans déjà, servant de marraine, en décembre 1551 et février suivant, à des enfants de Vendôme, en l'église de la Madeleine.

Regestrum puerorum baptisatorum in ecclesia parrochiali beate Marie Magdalene de Vindocino... C'est le titre écrit en ronde et en tête du cahier de baptêmes commencé le jour de Pâques 1545 ; je n'ai pas besoin de dire que ce cahier fait, comme les autres, partie de l'état-civil ancien conservé à la mairie de Vendôme.

---

1. *La Vieillesse de Cassandre*, article signé Pierre Dufay, dans le *Journal des Débats* du mardi 21 juin 1904.

« Le 11e jour dudit moys (décembre 1551)[1],

« Fut baptisé Anthoine, fils de maistre Roul[2] Buzy, licencié es loix. et de Catherine Belot sa femme.

« Furent parrains : vénérable et discrete personne maistre René Esnault, presbtre, curé de l'église de ceans, et Me Claude Barangier, licencié es loix ;

« La marraine damoiselle *Cassandre Salviati, femme de monsieur de Pré.*

« P. BEAUNYS. »

Pas d'autre signature que celle du vicaire ; les parrains et marraines ne commencèrent à signer qu'à partir de la fin du xvie siècle.

Raoul Buzy, qualifié avocat en 1555, avait déjà eu quatre enfants avant celui-ci.

---

1. Je supprime les abréviations employées dans l'écriture, et que la typographie ne me permet pas de rendre exactement ; de même je fais des alinéas, alors que le texte ne forme qu'un seul contexte.

2. *Roul.* figuration exacte de la bonne prononciation du mot Raoul ; exemple : Château-roux (castrum Radoulfi) ; on devrait donc écrire Châteauroul.

Claude Barangier me paraît être le père de Paul
Barangier-Festeau. président en la chambre des
comptes de Vendôme, auteur d'une lignée protestante.

Deux mois après, nouveau marrainage.

« Le 24ᵉ jour de febvrier 1551 (1552 n. st.),

« Fut baptisée Camille. fille de maistre Jehan
Thisard, tresorier des Escossoys de la garde du
corps du Roy, nostre sire, et de damoysele He-
lainne Le Roy, sa femme.

« Fut parrain Jehan Le Blanc, grenetier du
grenier à sel pour ledict seigneur audict Vendosme.

« Les marraines : damoysele *Cassandra Salviati, femme de monsieur de Pré* (rajouté en marge);
damoysele Mathurine, femme de M. Jehan de la
Fosse, seigneur de Courtauzé.

« BEAUNYS. »

Jehan Thizard avait eu déjà cinq autres enfants.

Monsieur de Pré n'était pas un inconnu pour
les prêtres de la Madeleine, puisqu'il avait déjà
été parrain dans cette paroisse deux ans avant sa
femme :

« Die prima julii anno Domini millesimo quin-
gentesimo XLIX,

« Fut *(sic)* baptisatus Guillelmus filius Guillelmi de Lavau et Symone ejus uxoris.

« Patrini : nobilis vir Johannes de Peigne, dominus temporalis de Prayo, et nobilis viri *(sic)* Petri de Peigne.

« Matrina : Johanna uxor Michaelis Taffu.

« GALLOYS. »

Maistre Loys Galloys, alors simple vicaire, mais devenu quelques années après official de Vendôme, a sûrement cru faire honneur tant à la famille qu'aux parrains, en employant la forme latine ; mais il aurait bien dû nous expliquer ce que vient faire ici son malencontreux génitif dans l'énumération des parrains. En tout cas, il est certain que ce Johannes de Peigné est l'heureux époux de Cassandre, Jehan III, fils aîné (puisqu'il est le dominus de Pray) de Jean II de Peigné et de Renée de Fromentières (paroisse de la Mayenne), elle-même fille du seigneur de Meslay. André de Fromentières, dont la mère Ysabeau de l'Épine avait apporté cette seigneurie, qui appartenait de 1385 à 1409 à son aïeul Pierre de l'Épine. Pierre de Peigné, fils de Thomas de Peigné, seigneur de Ménainville-en-Dunois, paroisse de Lutz, frère de Jehanne de Peigné, mère de madame Mathurin de

Vimeur, était donc le propre cousin germain de Jehan III de Peigné.

Quatre ans après, en 1553, monsieur de Pré était encore parrain, toujours à la Madeleine.

« Le 2e jour de juillet,

« Fut baptisé Flurimont, fils de Mathurin Chapeau et (de) Catherine sa femme.

« Parrains : monsieur de Prey et Jullian Choubert ;

« Mareine : Yvonne, femme de Jehan Cadot.

« SUARD. »

Voilà donc, de juillet 1549 à juillet 1553, quatre années au cours desquelles Cassandre Salviati et son mari ont fait acte de présence à Vendôme. Je ne puis malheureusement les retrouver dans les autres paroisses, puisque les registres conservés de Saint-Martin ne commencent qu'au 7 octobre 1578, ceux de Saint-Bienheuré qu'en 1585, et ceux de Saint-Lubin qu'en mai 1580.

Devons-nous conclure de ces présences qu'au moins à ces dates ils habitaient la ville de Vendôme, et non leur château de Pray ?

Ce serait une grande joie pour les auteurs qui viennent d'identifier Cassandre Salviati avec la Cassandre de Ronsard. Le poète n'a-t-il pas dit, en effet, dans ce sonnet qui s'adresse bien à Cassandre, puisqu'il débute ainsi :

> Sœur de Pâris, la fille au Roy d'Asie...
> Puis qu'il te plaist (bien que tard) de vouloir
> *Changer ton Loire au sejour de mon Loir,*
> *Pour y fonder la demeure choisie...*

Or ce sonnet a été publié dans la première édition des *Amours*[1], en septembre 1552. Voilà donc pourquoi le poète parle au présent : c'est qu'au moment, soit de la confection du sonnet, soit de sa publication, Cassandre demeurait à Vendôme. Mais il continue immédiatement :

> En ma faveur le ciel te guide ici...
> *Vien, Nymphe, vien...*

Elle n'est donc pas *venue* encore, elle n'en est qu'au projet. Alors voilà quatre années perdues pour sa résidence à Vendôme.

Du reste, serrons de près les renseignements un peu lâches fournis par le sonnet. *Ton Loire,* c'est, nous le savons par ailleurs d'une façon

----

[1], *Le premier Livre des Amours,* t. I, p. 100.

indiscutable, le château de Talcy, qui est à onze kilomètres à vol d'oiseau de la Loire. A ce compte, *les rives de mon Loir* peuvent très bien s'entendre du château de Pray, qui n'est qu'à quatorze kilomètres de Vendôme et du Loir, toujours à vol d'oiseau.

Ou bien alors la dame est née à Blois même :

> Ville de Blois, naissance de ma dame...
>
> (*Ibid.*, p. 66.)

et alors ce n'est plus Cassandre Salviati.

Allez donc, après cette démonstration, prétendre baser une identification sur les dires d'un poète !

Lorsque M. Longnon, en janvier 1902 [1], et M. Paul Laumonier, en décembre suivant [2], nous eurent crié : « La Cassandre de Ronsard? mais c'est Cassandre Salviati ! Comment les Vendômois et M. de Rochambeau n'ont-ils pas fait eux-mêmes cette identification qui crève les yeux? », nous répondîmes : « N'allez-vous pas un peu vite

---

1. *La Cassandre de Ronsard*, par M. Henri Longnon, *Revue des Questions historiques*, janvier 1902, pp. 224-234.

2. *La Cassandre de P. de Ronsard*, par M. Paul Laumonier, *Revue de la Renaissance*, tome III (octobre-décembre 1902), pp. 73-115.

en besogne, et vos preuves sont-elles bien solides? »

Je crois le moment venu de procéder à cet examen.

La preuve la plus directe réside dans le témoignage d'Agrippa d'Aubigné.

Et les chastes amours de toy et *la Cassandre*,
Je ne veux à l'envy pour *sa niepce* entreprendre...

(*Printemps*, éd. Réaume, t. III, p. 17.)

Ta Cassandre, ce n'est pas nécessairement une personne s'appelant Cassandre, ce peut être la personne chantée sous le nom de Cassandre. Mais d'Aubigné nous a donné le nom de la *niepce.* Dans *Sa Vie à ses Enfants,* il raconte que, pour échapper aux catholiques, il se cacha quelques mois à Talcy et qu'il y « devint amoureux de Diane Salviaty, fille aisnée (du seigneur) de Talcy. Cet amour lui mit en teste la poësie françoise, et lors il composa ce que nous appelons son *Printems;* mais le chevalier Salviaty rompit le mariage sur le différent de religion [1] ».

Enfin, dans une lettre du même d'Aubigné,

____

1. Édition Lemerre, t. I, pp. 19-21, ès années 1570-1572.

publiée pour la première fois en 1873 dans l'édition Lemerre[1], lettre que Blanchemain fut le premier à signaler en 1877 dans *Poètes et Amoureuses*, pp. 39-40, on lit cette indication plus nette encore : « Mes premiers amours s'attachèrent à Diane de Talsi, *niece de Mlle de Pré, qui esloit sa Cassandre*[2]. »

Il est très exact que Cassandre Salviati, l'une des deux filles du « marchand florentin » Bernard Salviati (qui acheta 8.000 livres le château de Talcy, le 5 novembre 1517, probablement avec les 25.000 que François Ier lui faisait donner le 5 février 1517, n. st.)[3] et de la blésoise Françoise Doucet (tous deux encore vivants en 1557)[4], était la tante de Diane, fille aînée de Jean Salviati, lui-même fils de Bernard. M. Storelli nous fournit encore un renseignement bien plus curieux, car

---

1. *Ibid.*, t. I, p. 457.

2. C'est Marty-Laveaux qui le premier a mis en lumière ce texte, sans pousser plus loin l'identification (*Notice biographique sur P. de Ronsard*, 1893, p. xxvii).

3. *Catalogue des actes de François Ier*, t. V, Supplément, n° 16304. Paru en décembre 1892. — Je tiens à faire savoir que c'est moi qui ai trouvé ces deux renseignements en dépouillant intégralement les cinq gros volumes du *Catalogue*.

4. Je dois ce renseignement à l'inépuisable obligeance de mon ami L. Guignard de Butteville.

Diane eut pour belle-sœur, et je ne sais jusqu'à quel point elle en fut flattée, Isabelle Sardini, fille du seigneur de Chaumont et de la galante Isabelle de la Tour de Limeuil, qui, naturellement demoiselle d'honneur de Catherine de Médicis, compta au nombre de ses clients le prince de Condé. Brantôme... et Ronsard (de la fin de 1563 à 1565).

Mais d'Aubigné n'a pu connaître par lui-même le roman des amours de Ronsard, qui auraient eu lieu avant sa naissance (1550). Alors qui les lui a dites? Diane? La belle garantie, puisqu'elle était plus jeune encore que d'Aubigné! Elle-même, comment aurait-elle pu apprendre ce secret de famille? Je ne vois pas bien la tante se confiant à sa nièce, elle n'en était pas encore à l'âge des confidences : et d'autre part je me méfie des imaginations de jeunes filles.

Sans doute, d'Aubigné essaie, dans la même lettre, de rattacher cette indication à Ronsard lui-même : « J'ay cogneu Ronsard privément, ayant osé, à l'âge de vingt ans (1570), luy donner quelques pieces, et luy daigné me respondre. » Eh! nous connaissons cela, la chose se pratique toujours, mais ce n'est pas par ce moyen que les jeunes gens de vingt ans pénètrent les secrets de jeunesse des hommes de quarante à cinquante ans.

Alors il paraît plus sûr de s'en rapporter aux contemporains de Ronsard. Ceux-ci, même ses amis de plaisir, sont beaucoup moins affirmatifs.

En tête vient Brantôme, auquel on n'a jamais pu reprocher un excès de retenue, et qui cependant déclare nettement : « Il l'a desguisée d'un faux nom [1]. »

Puis vient Muret, qui, familier de Ronsard de la fin de 1551 à la fin de 1553, choisi par lui pour écrire le commentaire de la deuxième édition des *Amours* publiée en mai 1553, a cependant produit une œuvre si incertaine par endroits, comme l'a fait voir M. Laumonier [2], que l'on peut hésiter à accepter sa déclaration formelle : « Cassandre étoit fille de Priam. Or, parce que *la Dame de l'autheur s'appelle ainsi en son propre nom...* »

Enfin, Claude Binet, le biographe attitré de Ronsard, déclare dans sa *Vie de Pierre de Ronsard :* « Ronsard s'estant enamouré d'une belle fille Blésienne *qui avoit nom Cassandre...* résolut de la chanter... tant pour la beauté du sujet que

1. Brantôme, édition Garnier, 1872, p. 154.
2. Paul Laumonier, *La Cassandre de P. de Ronsard*, dans la *Revue de la Renaissance*, t. III (octobre-décembre 1902), p. 83-87.

du nom. » C'est la rédaction définitive de 1597.
Or, en 1587, il se contentait de dire : « *amoureux
seulement de ce beau nom*, ainsi que lui-mesme
m'a dit autrefois [1]. »

Après avoir démoli les prétendus témoignages
invoqués par M. Longnon, M. Laumonier déclare
« préférable de s'en rapporter au poète lui-même ».

C'est vraiment trop faire fond sur des poésies
amoureuses. Parce que le poète parle forcément
de lui et de sa belle, est-ce une raison pour « qu'il
ait fait tout ce qu'il dit », comme dit si bien Tar-
tarin quand il est à moitié gelé?

D'ailleurs, parmi les sonnets qui constituent
l'édition des *Amours*, il y en a bon nombre (c'est
le commentateur Muret qui le déclare, évidemment sur l'ordre de Ronsard) qui ne concernent
pas Cassandre, et ce serait justement les plus pro-
bants. Il y en a d'autres, enfin, et ceci est bien une
autre affaire, qui auraient été composés pour venir
en aide à l'infertilité de la verve poétique de ga-
lants désireux cependant de s'avancer dans les
grâces de leurs dames : Belleau le dit expressé-
ment pour le sonnet de 1565 : *Douce beauté qui
me tenez le cœur*. Binet le dit pour plusieurs, et

---

1. *Ibidem*, texte et note.

même a pris soin de faire connaître à la postérité combien le poète resta mécontent de n'avoir pas reçu de récompense. Il semble pourtant qu'il en trouva une très appréciable dans la fureur que durent témoigner ces dames lorsque, après avoir payé, elles trouvèrent leurs sonnets dans l'ouvrage de Ronsard...

Si l'on veut prendre à la lettre les aveux, surtout ceux du poète, il faut au moins se garder de les coudre les uns aux autres, parce que c'est la plus sûre façon de tout brouiller.

Prenons, à titre d'exemple, la célèbre rencontre du poète et de sa Cassandre, et, sans vouloir rechercher si c'était bien le prénom de la dame, essayons de fixer, d'après les déclarations de Ronsard, quelle date il convient de lui assigner.

En novembre 1554, deux ans seulement après l'apparition des *Amours*, Ronsard publie dans son *Bocage* la célèbre élégie (t. IV, p. 95) qui est à la fois une autobiographie et l'histoire résumée de sa famille. On y lit ces vers :

> Et *à peine seize ans* avoient borné mon âge,
> Que l'an cinq cens quarante avec Baïf je vins
> En la haute Allemaigne...

A la diète de Spire, ont dit Binet, Blanchemain

et leurs copistes. Non : cette diète n'eut lieu qu'en février 1542 (n. st.) et ce n'est pas Lazare de Baïf qui y fut envoyé, mais trois autres personnes qui reçurent leurs fonds *pour y aller* les 25 et 27 décembre 1541 [1].

Le voyage de Lazare de Baïf (père du poète) a bien eu lieu en 1540, et il suffit d'ouvrir le *Catalogue des Actes de François I*[er] [2] pour y trouver la précieuse indication que voici :

« N° 11492. — Saint-Germain-en-Laye, 16 mai 1540. — Mandement au trésorier de l'épargne de payer 1.800 livres tournois à Lazare de Baïf, conseiller et maître des requêtes de l'hôtel, pour 90 journées (du 16 mai au 14 août 1540) que *durera* son ambassade en Allemagne, où le roi l'envoie pour conférer avec certains princes de ce pays dans l'intérêt de toute la chrétienté. »

A la fin du voyage, si l'ambassadeur a été exact, il s'en fallait de vingt-sept jours que Ronsard eût seize ans révolus, donc *à peine* les avait-il.

Mais un autre mandement du 12 novembre [3] ordonne « de payer à Baïf, ancien ambassadeur en

---

1. *Catalogue des Actes de François I*[er], tome IV, publié en novembre 1890, n°ˢ 12247, 12248 et 12255.
2. Tome IV, p. 107.
3. Tome IV, p. 155, n° 11714.

Allemagne et en *Roumanie*, 484 livres 15 sous à titre de remboursement ». Alors le voyage a duré peut-être, toujours à raison de 20 livres par jour, vingt-cinq jours de plus, et nous arrivons au 9 septembre, deux jours avant les seize ans de Ronsard. Remarquons, en passant, cette pointe en Roumanie[1] : ne serait-ce pas dans ce voyage que Ronsard aurait puisé les éléments de sa fabuleuse généalogie?

> Mais las! à mon retour une aspre maladie
> Par ne sçay quel destin me vint boucher l'ouïe...
> *L'an d'après, en Avril*, Amour me fist surprendre,
> Suivant la Cour à Blois, des beaux yeux de Cassandre.

Le voyage d'Allemagne ayant pris fin, au plus tard au début de septembre, l' « aspre maladie » a eu sept mois entiers pour s'installer, se développer et se consolider. Nous arrivons ainsi au mois d'avril, mais ce mois, que nous comptons tout entier dans l'année 1541 (n. st.), se coupait alors en deux : les seize premiers jours terminaient l'année 1540, et l'année 1541 commençait le 17 avril, jour de Pâques.

Alors, quand le poète dit : *L'an d'après* ma

---

1. Il ne s'agit point ici de la *Roumanie* actuelle. Voir p. 112.

maladie, il ne peut être question des seize premiers jours d'avril de la *même année* 1540 ; à la rigueur, il aurait pu vouloir parler des quatorze derniers jours d'avril ; mais, dans tout ce mois d'avril, le roi François Ier n'a pas signé un acte à Blois. Il y était du 1er au 19 mars ; il était à *Vendôme* le 30 et le 31 mars ; du 7 au 20 avril on le trouve à Amboise ; à Chenonceaux les 24 et 25 ; à Pontlevoy les 27 et 30. Faut-il prendre la fin de l'année 1541 (v. st.)? Elle se termine le 8 avril, et du 1er au 8 on trouve le roi à Vauluisant et nullement à Blois. Tout le mois d'avril il reste à Tonnerre ou aux environs.

Nous voici donc avec une date qui paraît précise, et que nous ne pouvons ni asseoir ni corroborer. Après tout, peut-être suffirait-il de mettre une virgule après les mots *suivant la Cour*, et de la sorte l'indication *à Blois* serait celle, non du séjour de la Cour, mais d'un simple passage du poète passant par Blois en *suivant* la Cour.

Sainte-Beuve et Blanchemain[1] ont accepté la date du 21 avril 1541, sans paraître se douter des difficultés de la question et sans nous dire d'ail-

---

1. *Œuvres complètes de P. de Ronsard*, publiées par Blanchemain, tome VIII, p. 11 de l'*Étude sur la vie*, etc.

leurs s'ils adoptaient l'ancien ou le nouveau style.

Ce n'était pas assez de difficultés ; depuis long-temps on a fait remarquer que dans ses *Amours* le poète a fixé le quantième du mois :

> L'an est passé le vintuniesme jour
> Du mois d'Avril...
>
>   (I, 9.)

Mais dans un autre sonnet il a précisé l'année :

> L'an mil cinq cens avec quarante et six.
>
>   (I, 60.)

Naturellement on a joint ces deux renseignements et l'on a obtenu cette date : 21 avril 1546. Marty-Laveaux l'a acceptée[1].

Impossible, s'écrie avec raison M. Longnon, car, bizarrerie de la computation d'alors. il n'y a pas eu de 21 avril dans cette année 1546, qui a commencé un 25 avril et a fini un 9 avril.

Faut-il se rejeter sur l'année 1545? Autre ennui : celle-là compte deux 21 avril, puisqu'elle a commencé un 5 avril et fini un 24 avril. Lequel prendre? M. Longnon écarte le second, celui que

---

1. *Notice biographique sur P. de Ronsard*, par Marty-Laveaux, Lemerre. 1893, p. xxvi.

nous comptons 1546, parce que ce jour-là la Cour
était à Ferrières en Gâtinais, avant à Montargis,
après à Fontainebleau ; il adopte le premier,
21 avril 1545 après Pâques, puisque la Cour était
à Romorantin le 20, à Blois le 22 et le 23 avril;
à *Morée* du 12 au 19 mai.

A cette date, Ronsard a vingt ans révolus, vingt
ans huit mois, et c'est bien à cet âge qu'il a fixé
son coup de foudre, devenu à la longue un coup
de marteau :

A vingt ans je fu pris d'une belle maistresse...

(V, 425.)

Sur mes vingt ans, pur d'offense et de vice...

(I, 55.)

Sur mon vingt et un an, le feu de deux beaux yeux...

(I, 144.)

Je crois cependant qu'il faut laisser de côté le
mois et ne s'occuper que de l'année. Pour Ronsard, en effet, le mois d'avril n'est pas autre chose
que le compagnon obligatoire de l'amour :

Le jour qu'un œil, sur l'Avril de mon âge...

(I, 29.)

Au mois d'Avril une perle je vy...

(I, 44.)

C'est encore en avril, et un vingtième aussi, qu'il a rencontré Marie l'Angevine :

Le vingtiesme d'Avril, couché sur l'herbelette...

> (Sonnet de 1555, *ibid.*, I, 135.)

Au contraire, il ne peut s'être trompé sur l'année, et voici pourquoi : après avoir donné la date de 1546, le sonnet cité plus haut continue :

L'an est passé, et l'autre commence ores.

C'est donc au début de l'année 1547 (qui a commencé le 10 avril) que ce sonnet a été écrit. La rencontre était toute récente.

Voyez d'ailleurs avec quelle précision les autres sonnets confirment cette date 1546 :

Bien que *six ans* soient *ja coulez* derriere

> (Sonnet paru en septembre 1552, dans la première édition des *Amours*. Donc septembre 1546 au plus tard.)

Dame, qui sçais ma constance et ma foy...
Depuis sept ans...

> (Sonnet publié dans la deuxième édition des *Amours*, en mai 1553. Donc mai 1546.)

Depuis le jour que mal sain je souspire
L'an dedans soi s'est tourné par *sept fois.*

> (Sonnet de la même édition, mai 1553. Donc mai 1546.)

Allons! c'est bien au début de l'année 1546 (v. st.) qu'a eu lieu la rencontre du poète avec la « belle fille blésienne », le 25 avril jour de Pâques, si l'on veut.

Mais nous voici avec deux rencontres bien distinctes, qu'il est impossible de réunir : fin avril 1541 (v. st.) et fin avril 1546. Laquelle concerne Cassandre Salviati?

Est-ce qu'il n'apparaît pas ici de la façon la plus nette que le poète a volontairement donné à ses lecteurs des pistes fausses? Eh quoi! toutes ses indications, si précises en apparence, aboutissent à des impossibilités matérielles dès qu'on veut les appliquer!

Mais, s'il s'agit de Cassandre Salviati, comme cette date de fin avril 1546 après Pâques s'accorde bien avec la date de son mariage! C'est dans la semaine de Pâques que le père Bernard, ce *marchand* qui prêtait encore de l'argent au roi au début de 1526 [1], a produit sa fille dans le monde; et elle y a fait son effet, puisque, sa dot aidant, sept mois après elle y pêchait un mari, pas des plus gros, c'est vrai, mais c'est déjà bien joli que d'en trouver un.

---

1. *Catalogue des Actes de François Ier*, N° 18559.

C'est dans le monde, dans le monde blésois (ou peut-être à la Cour) que Ronsard a pu la voir : ce n'est pas dans les prés où M. Blanchemain la faisait si singulièrement errer : « Un jour, un beau jour de printemps, en l'année 1541, le vingt-unième du mois d'avril, il errait aux environs de la ville *(de Blois)* dans ces belles prairies de la Touraine *(sic)*, lorsqu'il rencontra une toute jeune fille... Elle passa, chantant un branle de Bourgogne... »

Ce n'est pas dans les prés qu'on rencontre les filles du seigneur de Talcy, c'est dans les assemblées, dans les soirées :

> Je vy ma Nymphe *entre cent damoiselles,*
> Comme un Croissant *par les menus flambeaux* ..
>
> (I, 53.)

Qu'y faisait-elle ? Elle y jouait du luth :

> Ainsi je suis de ses chansons épris,
> Lors qu'à *son luth* ses doigts elle embesongne,
> Et qu'*elle dit le branle de Bourgongne*
> *Qu'elle disoit le jour que je fus pris.*
>
> (I, 54.)

En fait de branle, le poète donne visiblement la préférence à celui beaucoup plus « cythéréen » que ce sonnet commence par célébrer. Mais d'autres sonnets célèbrent le charme du chant de la dame et de sa danse.

A quoi bon continuer l'examen des autres inventions et imaginations du poète sur la nature et l'étendue des relations qui se seraient établies entre Elle et Lui? Ne va-t-il pas de soi que tout cela ce n'est que poésie? A lire d'ailleurs attentivement ces prétendus chants d'amour. on s'aperçoit vite que le poète se préoccupait bien plus de son chant que de son amour.

Je ne vois rien qui nous empêche d'admettre que le poète ait vu une fois notre Cassandre : je veux encore qu'il en ait été violemment secoué, et qu'il y ait longuement pensé. Mais, pour me faire admettre des relations constantes et continuées pendant dix ans (d'avril 1545 à avril 1555), il faudrait des preuves plus sérieuses que des aveux de poète : avant tout il faudrait que tous les sonnets du premier livre des *Amours* aient tous été consacrés à la même Cassandre: or, nous savons pertinemment le contraire. de l'ordre même du poète. Aussi je me refuse à aborder l'examen de cette question, délicate entre toutes : est-ce à son poète ou à son mari qu'elle fut fidèle? Ce n'est pas au bout de trois siècles et demi que la chose peut être décidée, alors qu'on a tant de mal à s'en assurer sur le moment.. Autant vaudrait se mettre à disserter sur la vertu des filles de Minos, parce qu'on vient de les retrouver habillées à la dernière mode de 1827.

Cette preuve que nous cherchons, nous ne la trouverons pas dans ce fait que l'édition originale des *Amours* contient le portrait du poète et de sa Cassandre.

Il est un point que je mets à la fin parce qu'il m'est personnel, et sur lequel je veux m'expliquer.

Il m'a été reproché d'avoir parlé du *contrat de mariage* de Cassandre Salviati[1], alors que l'Inventaire des Titres de la maison-Dieu dit, à la date du 9 décembre 1595 : « Procuration de damoiselle Cassandre de Salviati, veuve Jean Peigné, pour rendre foy... pour sa métairie de la Toise, à elle donnée *en faveur de mariage* par ledit feu son mari... par acte Rotelet... le 23 novembre 1546. » Vous avez forcé le sens, me disait-on, et comme ces donations pouvaient alors

---

1. Voir p. 149.

être faites par acte séparé, soit avant, soit après le mariage, il n'en résulte pas nécessairement que la date de la donation soit justement celle du contrat de mariage.

Si! car la vieille coutume d'Orléans, rédigée en 1509, contenait les articles suivants :

« Art. 173. — *En traité de mariage*, l'homme « et la femme qui se veulent marier, et *avant la* « *foy bailler* (par devant le curé), peuvent faire et « apposer telles conditions, conventions, *donations* « que bon leur semblera, en leur dit mariage, qui « sortiront effect. »

« Art. 220. — Homme et femme *conjoints par* « *mariage ne peuvent par disposition faicte entre* « *vifs* ne testamentaires durant leur mariage, don- « ner aucune chose l'un à l'autre. »

Donc, les donations entre futurs conjoints, que notre Code civil appelle « dispositions entre époux » (ch. ix du livre III), n'étaient autorisées que dans le contrat de mariage, lequel devait précéder le mariage lui-même. J'ai donc eu raison de confondre cette donation, qui seule était intéressante à rapporter dans la procuration, avec le contrat de mariage lui-même.

La nouvelle rédaction de la coutume en 1583, trois ans après le mariage de la fille de Cassandre, ne changea rien aux dispositions essentielles de la vieille coutume. Mais le procès-verbal [1] qui en fut dressé nous apporte la preuve matérielle que Talcy et Beaugency étaient régis par la coutume d'Orléans ; car on voit comparaître aux opérations très longues et très touffues. dirigées par Achille de Harlay, qui a mis deux jours à venir de Paris :

« François de Salviaty, chevalier de l'ordre Saint-Lazare de Hierusalem, commandeur de Boigny (frère de Cassandre) ;

« Forest (pour Forese) de Salviaty (frère de Diane), escuyer, *à cause de sa terre et seigneurie de Talcy* et du Port Davy (et non Pol David).

« Les manans et habitans de la chastellenie de Baugency et ressorts d'icelles. »

1904-1906.

II. — LE CHATEAU DE TALCY

J'aime autant le dire tout de suite : quand on me proposera de faire la tournée des châteaux historiques du Blésois, je riposterai aussitôt : Pour-

---

1. *Les Coustumes générales et particulières de France et des Gaules*, corrigées et annotées par Ch. Dumoulin, Paris, 1635, tome I, p. 978.

quoi pas aussi la tournée des Grands Ducs? Ce qui emballait des sauvages a toujours excité ma répulsion; quant aux bâtiments, leur nombre m'épouvante; et puis j'ai la sainte horreur des bâtisses entretenues, retapées, qui finissent — c'est forcé — par être chiquées. Depuis trente ans et plus, je n'ai pu digérer Chambord et ses galetas. Je ne fais d'exception que pour Talcy.

Pourquoi? Dans les autres châteaux, des personnages royaux, plus ou moins historiques, sont venus séjourner; le château en serait devenu historique. Sans doute à Talcy nous avons eu le même désagrément; la cour des Valois avait la maladie de la *bougeotte*, et il n'est pas de trou ignoré où cette cour vagabonde n'ait passé. Mais aussi nous avons eu autre chose à Talcy. Le XVIe siècle y a jeté avec profusion toutes ses histoires, et en général ce sont des histoires d'amour, et quelles amours que celles déchaînées par Cassandre, par Diane!

PREMIÈRE PÉRIODE. — *Règne de François Ier*. — En février 1517 (n. st.) un « marchand florentin », Bernard Salviati, vient d'obtenir du roi de France remboursement des 25.000 livres qu'il lui avait prêtées. En novembre suivant, il en emploie le tiers à acheter le « lieu, terre et seigneurie de Talci, aultrement appelé la Court ». Il se dit « demeurant à Bloys », mais le jour de l'acte il est « absent, suyvant la Cour du Roy nostre sire ».

Quelque peu après, il épouse une petite bourgeoise de Beaugency, peut-être de Meung, qui lui apporte Port-David sur la Loire. Les enfants arrivent, arrivent avec impétuosité. Le cinquième apparaît vers 1530. C'est Cassandre !

Cassandre, qui depuis trois siècles avait disparu de l'empyrée où la tradition l'avait placée, à cause des sonnets brûlants, enthousiastes (et contradictoires) d'un certain poète vendômois ! Ça ne s'éteint donc pas, les étoiles inventées par l'homme ? C'est un Vendômois qui l'a retrouvée ; j'ai découvert la date de son contrat de mariage, 23 novembre 1546, devant Rotelet, notaire à Beaugency. C'était un Vendômois qu'elle épousait, Jean de Peigné (pas d'Espeigné, je vous prie), seigneur de Pray, personnage assez mince, mais il était cousin de Ronsard au douzième degré !

C'est à Vendôme que j'ai retrouvé les seuls indices que l'on possède encore de Cassandre : elle fut deux fois marraine en 1551, dans l'église de la Madeleine, au bout de ma rue...

Mais c'est à Talcy qu'elle naquit, c'est à Talcy qu'elle grandit, et les murs du château rosissent encore du bonheur d'avoir couvé seize ans et d'avoir pu contempler chaque jour cette pure merveille de grâce florentine, poussée en pleine Beauce.

Et déjà avait surgi dans la cour ce puits florentin, pisan peut-être, si étrange à rencontrer dans nos pays du Centre. Sur la margelle simple et unie se dressent trois colonnes rondes qui supportent une sorte de dais : contre ces colonnes s'est appuyé un jeune sein frémissant ; cette eau placide a réfléchi les traits de la pure beauté. Ah! quel autre lieu sera plus sacré pour les érudits?

A côté du puits, voyez-vous cette cuve en pierre dans laquelle viennent boire les bestiaux rentrant à l'étable! Ce sont des Le Lorrain ou des Poussin tout faits, mais Cassandre ne les a jamais vus. Car c'est en 1814 que l'on a construit « le bassin auprès du puits », et c'est en 1813 que l'on a posé une pompe au puits de la cour pour le déshonorer. Quant au puits, je le trouve mentionné dans un titre de 1519.

Pendant que j'y suis, je veux assommer les faux savants qui assignent à certaines parties du châ-

teau la date du xiiie siècle, et à tout le reste celle
du xive. Le titre de 1519 fait dire en effet par Bernard que : « au bout du pinacle de ladite église,
il y avoit de vieilles murailles, que c'étoient celles
de *l'ancienne* maison de la seigneurie de Talcy, laquelle, par fortune de guerre (la guerre de cent
ans), auroit esté démolie et ruynée, et auroit icelle
église été édiffiée et alongée en la cour du château
par permission de ses prédécesseurs, seigneurs de
Talcy ».

Seconde période. — *Le règne de Charles IX.* —
A Talcy, cette période est personnifiée par Diane
Salviati, la nièce de Cassandre, la fille de son frère
Jean.

Chaque fois que Cassandre est venue en 1551
tenir sur les fonts un enfant de Vendôme, elle a
été éblouie par les vitraux, qui, depuis 1523, pro-
jettent les armoiries de mes ancêtres Malon et
chantent la gloire du premier des Malon de Bercy :
dans un vitrail, Monsieur et ses trois fils, et son
saint derrière lui ; dans un autre, Madame et ses
cinq filles, et sa sainte derrière elle. L'une des
filles, Jacquette, a épousé Jean Salviati et lui a
donné trois enfants, dont Diane, née vers 1552.

Taley.

Diane a donc dix ans lorsqu'en 1562 Catherine de Médicis vient s'installer au château, continuant les pourparlers commencés le 2 juin à Toury. Il s'agit de prévenir une guerre civile qui va durer plus de trente ans ; mais pas plus alors qu'aujourd'hui on n'a pu concilier deux principes diamétralement opposés.

Catherine a amené avec elle le jeune roi Charles IX, qui a eu douze ans à Talcy le 27 juin, mais le fâcheux compagnon de jeux que ce petit roi-là !

En 1570, la guerre civile dure déjà depuis huit ans lorsque le jeune protestant Agrippa d'Aubigné, venu se refaire dans son fief maternel de la Lande Guynemer, près Mer, vient fleureter à Talcy, sous l'œil bienveillant du père de Diane, lequel paraît avoir cultivé des relations utiles dans les deux camps. Mais l'abominable année 1572 arrive, et tout est rompu. Contre ces pauvres enfants qui n'ont que vingt ans chacun, contre leur délicieux amour, toutes les puissances sont liguées : il faut se résigner à une rupture définitive. Diane en mourut de douleur trois ans après ; quarante années durant, Agrippa pleura des larmes de sang... *et indignatio facit versum...*

Troisième période. — *C'est le règne d'Henri IV.*
— Nous sommes en janvier 1596, et nous enten-
dons une voix débile, cassée de vieillesse, gémir
d'avoir vu saisir son bien de la Toise et de Poimule (paroisse de Pray), par le seigneur suzerain,
la Maison-Dieu de Vendôme, seigneur de Courtiras, pour défaut d'homme et retard apporté dans
la foy et hommage et l'acquit des devoirs : elle
présente requête en mainlevée de la saisie, et
s'appuyant sur l'attestation de témoins, « comme
elle est détenue au lict, malade », elle offre de
faire la foy et hommage par procureur. Elle donne
son nom. Dieux cruels! Elle a dit : Cassandre!

Elle doit avoir dans les soixante-dix ans, elle a
vu mourir cinq rois de France, son mari, sa fille
unique, son gendre, ses frères, sa nièce Diane...
et Ronsard. Il y a cinquante ans qu'elle s'est mariée, et la voici, comme son siècle, prête à descendre au tombeau, le cœur empli d'un immense
dégoût, et si lasse d'avoir vécu sa vie! Elle est
seule, dans sa pauvre métairie de la Toise, dans
ce misérable pays de Pray; ses deux petits-fils de
Musset (c'est du second que descendra Alfred) lui
ont été ravis, leur mère les avait fait baptiser à
l'église de Pray, mais leur grand'mère paternelle

les élève dans la religion protestante, à laquelle sont venus d'ailleurs presque tous les Musset...

Ah! Cassandre! qu'il est pénible de vivre trop longtemps!

1922.

LE POÈTE RONSARD ÉTAIT-IL VENDOMOIS?

Le poète Ronsard
était-il Vendômois?

Il l'a dit, il l'a proclamé, il s'en est même vanté, puisque dès ses premières œuvres il a soin d'accoler à son nom ce qualificatif locatif « gentilhomme Vandômois ».

Sur cette indication, ses biographes, qui, en général, sont d'exaltés panégyristes, sont partis de l'avant, et certains d'entre eux n'ont pas hésité à en faire un bourgeois de Vendôme, au moins à la fin de sa vie (Blanchemain).

L'habitation est devenue en effet une nécessité, que les biographes ont bien comprise. Il ne suffit plus, pour se rattacher à un pays et s'en recommander, de se contenter d'y être né. Il faut, lorsqu'on se targue d'être Vendômois, avoir en ce pays autre chose que des souvenirs de famille ou des propriétés, il faut vivre de sa vie, y habiter.

Or, je puis affirmer que Ronsard n'a *jamais habité* Vendôme, mais seulement très peu le Bas-Vendômois.

Le Vendômois est, depuis plus d'un siècle, le territoire circonscrit autour de Vendôme, dans les limites que traça, d'une ligne un peu arbitraire, le décret-loi de février 1790.

A l'époque de Ronsard, le duché du Vendômois était la collection des pays qui étaient venus peu à peu s'agglutiner au noyau primitif. C'étaient :

1° Le Vendômois proprement dit, ou le *Haut-Vendômois*, la comté primitive, noyau de la duché ; ses limites ressemblent un peu à ses premiers comtes, elles sont aussi indécises qu'ils sont vagues ; mais enfin on peut admettre qu'il allait de Fontaine au Gué-du-Loir et au Gué-Berger, sur la vieille route de Montoire, et de Saint-Marc-du-Cor à la Chapelle-Vendômoise.

2° Le *Bas-Vendômois*, représenté aujourd'hui — à peu près — par les cantons modernes de Montoire et de Savigny. En 960, époque à laquelle notre Bouchard Ratepilate s'était fait livrer ses soixante-quatre *altaria*, avant de donner un mol secours à l'évêque du Mans dépossédé de son siège, il avait été rattaché au Haut-Vendômois et fondu avec lui; mais, dès le début du xiv⁰ siècle, il avait recouvré une existence et une capitale propres, par la division qu'avait faite notre comte Jean V.

3° La *baronnie de Montdoubleau*, qui n'avait jamais rien eu de commun avec le Vendômois, Haut ou Bas. Elle avait été achetée en 1406 par Catherine de Bourbon pour son fils Louis, le vaillant prisonnier des Anglais.

4° La *châtellenie de Saint-Calais*, également étrangère à notre pays, mais achetée en 1491 par François de Bourbon, d'Antoine de Bueil.

Chacune de ces parties avait sa vie propre et son organisation particulière. Leurs origines d'ailleurs suffisaient, plus encore qu'aujourd'hui, à empêcher toute fusion : Vendôme est chartrain, ainsi que Montdoubleau: les deux autres sont manceaux.

A laquelle de ces régions Ronsard peut-il se rattacher?

Lorsque l'on commença d'admettre la nécessité d'élever à Ronsard une statue en terre vendômoise, la ville de Montoire[1], capitale instituée du *Bas-Vendômois* il y a six siècles, réclama l'honneur de fournir son sol, prétendant que, seule, elle pouvait permettre au poète de se retrouver *chez lui*.

Chez lui! Que voilà bien une licence poétique! A quelle époque Ronsard, ce perpétuel locataire, qui n'eut jamais d'autre fortune que ses pensions ou les revenus de ses prieurés, eut-il un chez lui, surtout en Vendômois?

A coup sûr, ce n'est pas à la Poissonnière.

Il y est né, c'est vrai, très probablement le dimanche 11 septembre 1524, cinq mois avant la défaite de Pavie. Il fut baptisé le lendemain à son église paroissiale de Couture, en Bas-Vendômois, et on peut se demander comment les porteuses s'amusèrent à traverser la noue Bouju au lieu de suivre le chemin qui devait unir le fief au bourg. Sans doute encore, il a habité la Poissonnière jusqu'à l'âge de douze ans, sauf une interruption de six mois passés au collège de Navarre, où il se fit fouetter d'importance.

Mais il n'a pas encore atteint douze ans que le voilà dépaysé, déraciné, lui et ses premiers vers;

---

1. Cf. p. 255.

son père le prend avec lui dans la domesticité du dauphin de France, alors François : et le voilà voyageant à la suite de ses maîtres successifs, à Tournon, à Paris, en Écosse, à Paris, en Flandre, en Écosse, à Paris, en Allemagne et à Paris. Le 6 mars 1542 (1543, n. st.), il reçoit à Touvoie, près du Mans, la tonsure ; en juin 1544, son père meurt, et le château de la Poissonnière échoit au fils aîné, Claude, qui le laissa à ses enfants.

Donc, jamais la Poissonnière ne lui a appartenu. Il faut insister sur ce point pour apprécier avec quelle légèreté depuis deux siècles les auteurs ont rapporté au poète et à ses humeurs diverses les devises ou centons inscrits un peu partout dans le domaine.

Est-il jamais revenu à la Poissonnière, au moins comme visiteur? M. Blanchemain l'a affirmé, parce que « à ses qualités il joignait celle d'être *bon parent* ». Mais, quand on aura prouvé d'abord qu'il était bon parent, il faudra prouver ensuite qu'il est venu.

Sans doute, il a pu venir, armé de l'épée de saint Paul, participer, en qualité de curé d'Évaillé (février 1555 à mars 1564), à la chasse aux protestants organisée en 1562 dans le Bas-Vendômois.

Et ce n'est qu'à partir de 1575 qu'il se retira en province.

Alors il habite tour à tour son prieuré de Saint-Cosme-en-l'Isle-lès-Tours (acquis en 1565), son prieuré de Croixval en Ternay (acquis en mars 1566), son prieuré de Saint-Gilles à Montoire (acquis vers 1575).

En 1576. c'est son neveu Loys qui possède la Poissonnière.

Croixval est à un kilomètre de Ternay, qui lui-même est à deux lieues de Montoire[1]. Il n'est pas venu en 1566 en prendre possession en personne, et, lorsqu'il fut parrain aux Hayes, le 14 août 1575, il fut simplement qualifié « seigneur de Croixval ». On le trouve habitant Croixval, pour la première fois, en mars 1576, et pour la seconde, en décembre 1584. un an avant sa mort.

Le prieuré de Saint-Gilles est en plein Montoire, ou, pour mieux parler, en plein Saint-Oustrille dont il touche les fortifications[2]. Ronsard semble ne l'avoir habité que deux mois avant sa mort, et tout à fait accidentellement.

Il fut, il est vrai. parrain à Montoire le 13 sep-

---

1. Voir p. 261.
2. Voir p. 265.

tembre 1583. Mais comment inférer de ce fait qu'il vint au moins cette fois à Montoire, puisque ni lui, ni son co-parrain, ni la marraine ne signèrent au registre?

Voilà tout ce que le Bas-Vendômois peut revendiquer.

C'est peu, mais au moins c'est authentique.

Le.Haut-Vendômois fut jaloux. A quoi servirait donc d'être capitale, si l'on ne s'empresse pas d'absorber à son profit toutes les gloires du pays que l'on domine?

On l'achemina donc sur Vendôme. De Montoire à Vendôme, la distance n'est pas énorme (vingt kilomètres ; au xviiie siècle on ne comptait que deux lieues). On trouva moyen de la raccourcir.

Sur le chemin, dans l'oasis du Gué-du-Loir, se trouvent le château et les prés de la Bonaventure. Bonaventure, c'est le nom du cordelier. C'est encore le nom du bourgeois du Mans qui possédait le fort déjà en ruines de la Tour de Varennes, qui est à cent mètres de la maisonnette du chemin de fer.

Il fallait peu d'imagination pour en faire l'objet

d'une transformation grivoise. Et personne n'y a manqué depuis un siècle.

Elle portait le nom de Bonaventure lorsqu'elle fut donnée aux Templiers, par Mathilde l'empe-resse, vers le milieu du XIIᵉ siècle, puisqu'elle mourut en 1166. Ce n'est qu'en 1274 que saint Bonaventure vint à Vendôme. Et après la confis-cation générale de 1310, les frères moines de Vendôme, déjà établis depuis 1215 rue du Puits, reçurent du roi cette tour qu'on nomma alors la Bonaventure.

Le cardinal d'Amboise, en 1503, leur fit vendre cette terre.

Si près de Vendôme, ne pouvait-on y faire entrer Ronsard ? Et puisque l'une de ses premières publications a été l'*Épithalame* du duc de Ven-dôme (1549) ne pouvait-on faire admettre que son duc avait été en même temps son protecteur ?

Vendôme, du reste, avait besoin de se l'an-nexer. Il n'est point inutile à une petite ville de réclamer l'honneur d'avoir donné le jour à un grand homme. Sans doute, elle ne s'aperçoit généralement de cette faveur que lui a faite le Destin qu'après la mort du grand homme et lors-que la postérité l'a définitivement consacré ; mais va-t-on demander maintenant aux contemporains

de savoir apprécier et mettre à leur vraie place
ceux qu'ils côtoient ou même combattent?

Puisque Ronsard s'y prêtait si volontiers, il eût
été dommage de repousser cette gloire qui s'offrait
d'elle-même.

Le terrain était déjà préparé.

Dans le Haut-Vendômois, le nom de Ronsard
servait de nom de lieu bien avant que le poète n'eût
imaginé de faire venir sa famille de Thrace pour
l'établir au flanc du coteau de Gâtines.

Il y avait : les terres de Ronsart :
    les bois de Ronsart ;
    les prés de Ronsart ;
    le moulin de Ronsart.

« Vendômois », c'est habitant de Vendôme,
cela s'entend.

Il fallait donc au poète une maison à Vendôme :
l'abbé Simon la lui donna [1].

Il vient de nous conter la fondation du collège,
les bonnes relations des Pères de l'Oratoire avec
César et les dons en nature de Madame ; brusque-
ment apparaît l'alinéa suivant :

« L'Oratoire n'ayant pas assez de bâtiments

1. Cf. pp. 34, 257.

pour contenir les élèves, *on* fut obligé *d'acheter* la maison du fameux poète Ronsard, pour *en faire* des chambres d'études » (tome III, p. 216).

Pour *en faire*... Donc l'Oratoire ne l'a pas démolie, il l'a utilisée, avec les modifications nécessaires. C'est ainsi qu'il s'est servi pendant cinquante ans de la maison de Lancé (acquise en 1655), de la maison du chanoine Gain située à côté. Ce n'est qu'en 1778 qu'il se mit à bâtir sur la rue.

Et comme, soit avant, soit après cette date, les chambres ou salles d'études furent toujours en bordure de la rue, on a pu conclure, avec un semblant de raison, que la maison de Ronsard était rue Saint-Jacques.

On voit par là que personne, pas même l'abbé Simon, ordinairement si fortement documenté, n'a vu ce contrat d'acquêt. Depuis 1624, l'Oratoire a acquis les maisons qui le séparaient de la rue Saint-Jacques, depuis la façade ouest de la chapelle. Aucun de ces contrats ne porte le nom des héritiers, ou des légataires, ou des ayants droit de Ronsard. Les deux testaments de Ronsard ont été publiés : ils n'en parlent point. S'il eût été propriétaire, il eût fait à la maison-Dieu une déclaration.

L'abbé Simon, le chanoine Simon, pour mieux parler, écrivait entre 1760 et 1780, et mourut en 1781. Pendant les dix dernières années de sa vie, il aurait pu causer avec Duchemin de la Chesnaye, qui ramassait déjà ses matériaux pour les copier d'une vilaine main, dans son registre resté manuscrit.

Il faut croire que les deux auteurs ne se sont jamais vus, car Duchemin raconte tout autre autre chose :

« Le grand portail d'entrée rue Saint-Jacques fut achevé vers l'année 1768. Il y avait *auparavant* un petit bâtiment *à côté* en forme de castel, qu'on prétend *avoir appartenu* au poète Ronsard, mort en 1585, *ou qui y demeurait*. Il a été *abattu* pour construire les salles du nouveau pensionnat le long de la rue Saint-Jacques (1778). »

Quelle cacophonie! D'une part, l'auteur déclare nettement que cet hôtel fut abattu seulement en 1778; mais, dans la phrase qui précède, il affirme tout aussi carrément que le nouveau portail de 1768 l'avait déjà fait disparaître.

Enfin, que sa démolition date de 1768 ou de 1778, c'était toujours du vivant de l'abbé Simon; comment ce dernier ne l'a-t-il pas dit?

Et surtout comment n'a-t-il pas indiqué, au

moins sommairement, les particularités que Duchemin a vues, lui, après la démolition?

« D'anciennes croisées, quelques ornements
d'architecture gothique et un escalier en pierre. »

La Révolution arrive, passe, ayant laissé les
choses dans l'état où les avait laissées l'ancien
régime, et la Restauration arrive : M. de Passac
aussi. Lui, il est documenté non seulement sur la
maison, mais sur le séjour de Ronsard à Vendôme,
là où le chanoine Simon n'a pu rien dire. Je de-
mande quelles traditions, à défaut de documents,
M. de Passac a pu recueillir trente ans après,
en 1823.

« On *sait* (par qui donc?) que lorsqu'il n'était
pas à la cour, sa *demeure* la plus ordinaire était
Vendôme, où il avait *acheté* une maison » (p. 247).

Si c'est un renseignement, il ne veut rien dire.
Car nous savons, par d'autres que M. de Passac,
qu'il suivit la cour, d'une façon continue, jusqu'en 1575. Par suite, avant cette date, Vendôme
ne pouvait constituer sa demeure la plus ordinaire.
Le voici maintenant « achetant sa maison »;
quand? de qui? Mais, puisque ses héritiers ou ses
ayants droit l'ont *vendue,* il fallait bien qu'il l'eût
achetée.

Mais voici un détail donné par M. de Passac pour corroborer son renseignement, et qui va faire reluire la légèreté de cet auteur. « Après le siège de Vendôme (novembre 1589) Florent Chrétien revint habiter Vendôme où Ronsard *faisait alors sa demeure*, et avec qui il vécut dans la *meilleure intelligence*, jusqu'en 1595 qu'il mourut. » Touchante idylle, mais il est fâcheux pour M. de Passac de n'avoir pas été en *meilleure intelligence* avec la chronologie. Au moment du siège de Vendôme, Ronsard était mort depuis quatre ans déjà, ce qui a dû radicalement l'empêcher de vivre en si bel accord avec son ancien ennemi Chrétien. Enfin, voici Ronsard placé à Vendôme à une époque où il habitait déjà les Champs Élyséens.

Qui le croirait? C'est cette absurdité, pourtant si facile à détruire par le simple rapprochement des dates, qui nous valut une lettre retrouvée de Ronsard. M. de Rochambeau s'empressa en 1868 de la publier dans son ouvrage *la Famille de Ronsart* (pages 184 et 185) parce qu'elle était inédite, acquise *depuis peu* par M. Blanchemain.

Elle n'est pas longue, la voici :

« Monsieur et meilleur amy, Monsieur Chres-
« tian, à Vendosme.

« Monsieur mon bon amy, ce porteur va expres

« à Vendosme savoir si vous avez rien fait depuis
« avec le prieur de Lancé. puisqu'il vous en a
« pleu prendre la peine. et ce que ledit prieur
« veult dire et ce qu'on peut esperer de luy et de
« cette negotiation. Je vous en suis infiniment re-
« devable. Si vous voyez que ma presence y soit
« requise, encor que je ne sois pas trop dispos, je
« ne faudray à monter à cheval ou bien y envoyer
« homme expert. C'est pour avoir ce bien de
« demeurer pres de vous et vous faire service et
« plaisir toute ma vie. Et en cette asseurance je
« vous baizeray humblement les mains.

« De Croixval. ce vingt trois de novembre.

« Votre treshumble et plus affectionné servi-
« teur et vray amy.

« RONSARD. »

« C'est pour... demeurer près de vous. » Voilà
bien la mise en action de l'anecdote de M. de
Passac.

Que fait-il pour cela? Il entre en pourparlers
avec le prieur de Lancé pour lui acheter, non un
prieuré, comme le suppose ingénument M. de
Rochambeau, mais sa maison de Vendôme : la
maison de Lancé.

Cette maison était bien rue Saint-Jacques, mais,

en l'achetant, Ronsard ne pouvait espérer demeurer près de Chrétien, qui jamais ne demeura rue
Saint-Jacques, *j'en réponds.*

Le faussaire qui confectionna cette lettre fausse
ignorait ce détail ; il ignorait encore qu'au xvie siècle
la maison de Lancé était louée et que par suite le
prieur de Lancé n'y demeurait pas : il était donc
inutile de représenter Ronsard prêt à monter à
cheval pour venir conclure l'affaire à Vendôme.

Cependant Florent Chrétien a bien demeuré à
Vendôme? Oui, mais pas rue Saint-Jacques. Un
titre de 1610 relatif à la maison de Lancé, dont
le résumé est contenu dans l'inventaire des titres
de la Maison-Dieu, donne comme joignant au
domaine « d'un bout (nord) à la rivière qui des-
cent du pont Perrain au pont de la Chevrie, et
d'autre bout (sud) aux jardins de M. Pierre de
Morée et des hoirs feu Me Florent Chrétien et au
ruisseau de la Salle de Vieulpont ».

M. de Rochambeau nous dit que la lettre, étant
datée de Croixval, ne peut être antérieure à 1580,
peut-être de 1583, parce qu'en novembre de cette
année le poète était à Paris! En décembre 1584,
il était à Croixval. Pourquoi suppose-t-il que le
Chrestian en question « pouvait être Guillaume

Chrestian, savant et chancelier du duc de Vendôme, mort en 1584 » (page 184)?

En 1845, voici venir l'imposant M. de Pétigny
qui nous donne des détails inédits. Car, lorsqu'on
fait une histoire nouvelle, il faut bien donner du
nouveau.

« Pour augmenter l'étendue de l'établissement
(l'Oratoire) César *acheta* les maisons voisines... »

Acheta? S'il avait poussé son dépouillement de
l'inventaire des titres plus loin que la première
page, M. de Pétigny aurait vu que les nombreuses
et importantes acquisitions faites par l'Oratoire
depuis son établissement ont toutes été faites au
nom de l'Oratoire. César s'est effacé, sauf sur l'enseigne, et a toujours laissé l'Oratoire acheter, et
payer.

« Les maisons voisines », cela ne veut rien dire.
Il aurait fallu dire : « La bordure de maisons qui
séparait l'ancienne Maison-Dieu de la rue Saint-
Jacques. »

« Les maisons voisines parmi lesquelles se trouvait l'*hôtel* (maison, castel, hôtel, voilà bien la
gradation du retour de faveur de Ronsard) du
poète Ronsard, situé dans la rue Saint-Jacques,

et dont les jardins s'étendaient *jusqu'au bord* du Loir, en face de l'hôtel du Saillant. »

Ah! par exemple, voici du nouveau. Le chanoine Simon, qui connaissait son Vendôme, se serait bien gardé de commettre pareille hérésie.

Car, entre la rue Saint-Jacques et l'hôtel de Langé, il y a eu pendant des siècles, il y avait encore au xvi⁰ siècle, une infranchissable barrière : la cour et le cimetière de l'Hôtel-Dieu, demeurés immeubles du xii⁰ au xvii⁰, et acquis ensuite par l'Oratoire à titre de cour, et représentés aujourd'hui par les cours du Lycée.

Mais c'était si tentant, cet aperçu! Et comment n'y avait-on pas songé plus tôt : Ronsard venant s'installer rue Saint-Jacques pour se mettre à côté de son ami du Bellay?

Là encore, il suffisait de se renseigner. C'est de Joachim du Bellay, dont Ronsard était l'ami depuis la fameuse rencontre dans une auberge en 1549. Mais jamais Joachim du Bellay n'a possédé l'hôtel de Langé. Et comme il est mort en 1560, quinze ans avant que Ronsard pût songer à venir s'installer en province, il est bien certain que ce n'est pas son voisinage qui a pu décider Ronsard à venir s'installer à Vendôme.

L'hôtel de Langé, bâti vers 1480 par Louis du

Bellay, oncle à la mode de Bretagne de Joachim et chef de la branche de Langé, appartenait vers 1547 à l'un de ses quatre fils, Martin, qui, à sa mort en 1559, le laissa à sa deuxième fille, Catherine, deuxième femme de Charles de Beaumont.

En 1847, la *Notice historique sur la chapelle Saint-Jacques*, du docteur Gendron, plaçait en 1777 l'achat par l'Oratoire et la démolition de la maison de Ronsard.

En 1868, M. de Rochambeau, dans son ouvrage *la Famille de Ronsart*, ne pouvait manquer de répéter ce qu'avaient dit ses prédécesseurs au chapitre intitulé : *Propriétés seigneuriales possédées par la famille de Ronsart* (p. 97).

« A Vendôme, César de Vendôme, bienfaiteur des Oratoriens, acheta plusieurs maisons pour agrandir le collège de cette ville. Parmi ces maisons, s'en trouvait une qui avait appartenu au poète Ronsart. Elle était située dans la rue Saint-Jacques et avait ses jardins sur le bord du Loir, faisant face à l'hôtel des du Bellay. »

En 1872, au moment des fêtes de l'inauguration

de la statue de Ronsard, les ronsardistes se donnè-
rent carrière.

Parmi tous, M. Prosper Blanchemain, qui *ron-
sardisait* beaucoup mieux que le poète lui-même,
l'emporta par la violence de ses affirmations : et
c'était devant le Congrès archéologique de France,
qui tenait cette année-là ses assises à Vendôme.

« Ronsard possédait des demeures aux champs
et à la ville. Si la maison qu'il *habitait* à Vendôme a depuis longtemps disparu dans les agrandissements du lycée (pardon! du collège de
l'Oratoire), *il n'est pas un Vendômois instruit* qui
n'en connaisse la situation dans la *rue Saint-Jacques,* qui ne puisse indiquer l'emplacement des
jardins, faisant face à ceux de l'hôtel du Bellay,
dont ils n'étaient séparés que par le cours du
Loir. »

La forme donnée par l'auteur à son affirmation
m'a longtemps paru singulièrement aggressive ;
mais la réflexion m'a fait voir que ce n'était qu'un
procédé, d'un effet *sûr,* pour empêcher ses collè-
gues, voire les simples curieux, de lui demander
tout naïvement : « Venez donc nous montrer cela
sur place. » Et combien il eût été embarrassé !

Dix ans après, le *Guide du Touriste dans le Ven-*

dômois trouve le moyen d'enchérir sur les erreurs de tous les prédécesseurs.

Page 139 : « Le poète aimait le Vendômois. Sans rappeler ses prieurés qui y étaient situés, et son *château* de la Poissonnière, *il possédait à Vendôme* même une maison, rue Saint-Jacques, qui se trouvait parmi celles que César *dut acquérir* pour *élever* son collège. »

César n'a fait qu'une mutation de personnes, en substituant les Oratoriens aux Pères condonnés, et le collège s'est installé dans les vieux bâtiments, puis l'Oratoire a successivement acheté des maisons pour s'agrandir.

Page 190 : « Ronsard était venu planter sa tente près de *ses amis* les du Bellay, et possédait au xvie siècle une maison qui disparut dans les agrandissements de l'Oratoire. »

A quoi bon continuer cette revue? Les derniers venus n'ont fait que répéter. Et M. Gélinet, et M. André Hallays, n'ont rien ajouté.

* *

Il nous faut prendre la liste des maisons qui composaient la bordure de la rue Saint-Jacques du côté gauche, et constituaient une barrière que l'Oratoire mit deux siècles à faire disparaître.

Joignant le pignon ouest de la chapelle, était une maison qui appartint d'abord à l'Hôtel-Dieu, qui la bailla à rente en 1478 à François Grigonnière; en 1506 à Angelot Gourgonneau; vers 1560 à Pierre Portier; vers 1590 à sa veuve, plus tard veuve Dupont-Portier, puis à sa petite-fille Soudée Marquereau. Achetée par l'Oratoire en 1651 qui la démolit et installa à la place une écurie et la porte orientale du bâtiment des classes.

Ensuite venait une autre maison avec jardin, baillée à rente à Jean Rouillon par l'Hôtel-Dieu en 1506. Mme Henriau-Chéneau la vendit à l'Oratoire en 1645.

Puis une maison baillée à rente par l'Hôtel-Dieu à Jean Terneau en 1477. En 1624, l'Oratoire l'acquit de Michel Moulinès.

La quatrième maison fut baillée à rente par

l'Hôtel-Dieu en 1478 à Jean Lartin. Le 10 décembre 1614, l'Hôtel-Dieu l'acquit et la loua jusqu'en 1643.

La cinquième avait été baillée en 1488 par l'Hôtel-Dieu à Jean Beauvès et fut acquise par l'Oratoire en 1622.

Le grand portail actuel a été bâti sur l'emplacement de l'une de ces maisons, peut-être la quatrième.

Toujours en suivant, nous arrivons à la maison de Lancé.

Il semble, d'après les renseignements que nous a laissés l'Oratoire, qui l'a démolie, que cette maison occupait l'emplacement de la salle de musique et de la salle d'escrime. Juste en face du portail de ma propre maison.

C'est cette maison de Lancé qui semble, en dernière analyse, avoir été prise pour la maison de Ronsard.

Mais cette maison a une histoire des plus sûres qu'il suffit de parcourir.

En 1261, c'est la grange de Pierre Sorre, *burgensis vindocinensis*.

En 1474, c'est encore la grange d'Emery Boultery.

En 1481, c'est une maison nommée la Grange,

sise rue Saint-Jacques, autrement dite la rue de la Sorrée, que le prieuré de Lancé acquiert.

Et en 1655 le prieuré de Lancé la cède à l'Oratoire en échange de dîme.

Pendant près de deux siècles l'Oratoire n'a pas cessé de la posséder.

L'Oratoire ne l'a démolie qu'en 1778, car. après l'avoir louée à diverses personnes. il s'en servit et en fit une salle d'études. L'arrangement fut bien simple : on a ouvert une porte du côté de la cour et fermé celle qui était du côté de la rue Saint-Jacques.

Si Ronsard n'a pu être propriétaire de cette maison, en a-t-il au moins été locataire? Non.

Le 27 octobre 1603, l'Hôtel-Dieu, sorti des troubles. réclame à Me Hector Bourru, licencié ès lois, procureur, fermier du prieuré de Lancé duquel dépend la dite maison, « payement de vingt-neuf années des cens et rentes, montant au total à quarante sols six deniers assis sur *la maison de Lancé* ».

Bourru réplique qu'il n'y a que cinq ans qu'il est fermier et offre le paiement des cinq ans échus (Noël 1602, donc Noël 1597 à Noël 1602). Le lieutenant général Jacques de Vemmes, qui demeure dans la maison Leroy, rue Poterie, le condamne au paiement de ces cinq années et ordonne qu'il fera appeler en cause le prieur de Lancé, son bailleur.

La mise en cause a lieu, et un nouveau jugement est rendu le 26 janvier 1604, cette fois par le bailli de Vendôme lui-même, Adam Gallant.

Le prieur de Lancé, Sébastien Moynet, garant d'Hector Bourru, est condamné à payer quatorze années finies et échues au jour et fête de Noël dernier (1603), restant à payer de vingt-neuf années. Ces quatorze années ont donc commencé à Noël 1589.

Il y a enfin une dernière raison, qui me paraît décisive. Vendôme fut une ville protestante de 1562 à 1594, sauf en 1589, où la Ligue s'en empara pour la laisser prendre d'assaut et piller par Henri IV.

Croit-on que Ronsard, qui, en sa qualité de curé d'Évaillé et d'aumônier du roi, avait cru devoir prendre violemment à partie les protestants et leurs chefs, serait venu se fourrer aussi bénévolement dans la gueule du loup?

LES AMIS VENDOMOIS DE RONSARD

Les amis vendômois
de Ronsard

I. — MACLOU DE LA HAYE

On n'est jamais trahi que par ses amis. Maclou
en fait la triste expérience. En quelle posture le
poète l'a campé pour la postérité !

Toutes les fois en effet que Ronsard lui dédie
une poésie, c'est pour lui proposer de boire ; et
quelles beuveries !

Dès 1545, à l'occasion du traité de paix entre
la France et l'Angleterre, il lui décoche cette
odelette surmontée de la dédicace catégorique :
A Maclou de la Haie.

> Il est maintenant tens de boire...
> Sus, page, en l'honneur des trois Graces.

Verse trois fois en ce pot neuf,
Et neuf fois en ces neuves tasses,
En l'honneur des Sœurs qui sont neuf...

(VI, 111.)

Trois pots et neuf tasses, cela fait... beaucoup de libations. Tout le monde comprendra que *Magdaleine* fuie des amis ainsi entraînés et garde une « oreille inexorable ».

Maclou revient de son voyage en Italie : occasion toute naturelle d'une nouvelle ode, dans le même genre :

Fay refraischir mon vin...
Page, reverse dans ma tasse!...

(II, 200.)

Après quoi, le page ira chercher *Janne* avec son luth pour faire *baller* le trio, et aussi *Barbe* qui voudra bien venir,

Les cheveux tors à la façon
D'une follastre Italienne...

(*Ibid.*)

Simple rappel assurément des curiosités qu'il fut donné à Maclou de voir en son voyage ; n'approfondissons pas, car Mme Maclou n'est pas loin.

L'ode XVI du troisième livre, dédiée à Maclou, se termine par un huitain qui débute ainsi :

Vien soul, car tu n'auras le festin ancien...
Tu ne boiras aussi de ce nectar divin
Qui rend Anjou fameux...

(II, 282.)

Citons encore la finale de l'ode retranchée, restée dédiée à Maclou de la Haye, et qui se termine ainsi :

Pour tuer le soucy...
Asséon nous icy...
D'autant que vin nouveau
Efface les ennuis...

(VI, 155-156.)

Après un tel portrait, comment oser dire que Maclou était, sinon un Vendômois d'origine, au moins devenu Vendômois? Ronsard l'affirme, en son ode *à la Source du Loir*, publiée comme les autres en 1550, et retranchée, pourquoi? en 1578.

Fuy doncques, heureuse source,
Et par Vendosme passant,
Retien la bride à la course...

C'est toujours exact : encore aujourd'hui le Loir dort dans les canaux et les vieux fossés d'enceintes successives de la ville ; mais ce n'est pas lui qui retient, c'est lui qui est retenu par les nombreux moulins qui rompent sa course :

> *Puis*, saluë mon la Haie
> Du murmure de tes flots...
>
> (VIII. 27.)

Donc « mon la Haie » possédait une propriété au bord du Loir et *en aval* de Vendôme et le moulin Ronsart, évidemment. Mais, avec les boucles du Loir, il y a bien cinquante kilomètres entre ces deux points. Comment trouver?

Maclou devait habiter tout près de Vendôme, dans la banlieue d'aval de la paroisse de la Madeleine (1474-1487) qui comprend deux kilomètres de pleine campagne.

Car le 8 août 1552 il faisait baptiser dans cette paroisse un enfant, peut-être son premier.

Voici l'acte, débarrassé de ses abréviations que la typographie ne saurait rendre d'une façon satisfaisante :

« Le huytiesme jour d'aoust audit an (1552),

« Fut baptisé Henry, fils de noble homme Marclou (sic) de la Haye et Jehanne Desmons, sa femme.

« Parrains : nobles hommes M⁰ Jehan de Laverdin. presbtre. maistre et administrateur de la Maison-Dieu de Vendosme,

« et Charles de la Fosse, bailly de l'abbaye de Vendosme.

« Marraine : noble femme Jehanne de Ville-drenne (?).

« N. GOSNET. »

La Maison-Dieu de Vendôme, c'était son hôpital qui devint en 1623 le siège du célèbre collège de l'Oratoire, devenu depuis 1848 notre lycée. La chapelle de la Maison-Dieu. finie en 1203. restaurée en 1452. occupe toujours, avec les autres bâtiments du lycée, le côté gauche de ma rue Saint-Jacques. dont l'église de la Madeleine tient une partie du côté droit. dans une autre direction.

L'abbaye de Vendôme, c'est la Trinité.

Jehan de Lavardin (orthographe actuelle) était ou allait devenir « un théologien remarquable et un écrivain de valeur », de même que son frère cadet Jacques allait devenir un auteur profane. Ils étaient fils de Louis II de Lavardin et de Charlotte du Bec [1].

1. *Bulletin de la Société archéologique du Vendômois.* 1888, p. 169.

Marclou, c'est Marcoul, d'où vient tout naturellement l'adouci Maclou. Mais, puisqu'il était marcoul, il avait donc été précédé par *six* frères. Voilà de quoi exercer les malheureux chercheurs.

Déjà cette famille de la Haye était implantée dans le Vendômois. Dans le même registre paroissial de naissance de la Madeleine, je trouve :

12 mars 1459 (v. st.) : « marraine, Marie Cohau, dame de la Haye ».

16 mars 1553 (v. st.) : « marraine, madame de la Haye, Marie Cohuau ».

Le 16 mars 1583, « Jeanne des Monts, femme de Maclou de la Haye et héritière de François Allard (qui avait fait foy en 1574), rendait foi et hommage (à l'évêque de Chartres) pour la châtellenie, terre et seigneurie de Chauvigny en Perche, haute, moyenne et basse justice, relevant du bailliage de Chartres, et des Diorières (fief de la paroisse érigé en 1532)[1] ».

Enfin, dans les registres paroissiaux de Montoire-sur-Loir, paroisse Saint-Laurent (la seule subsistante), je trouve ceci :

---

1. Rochambeau, *Épigraphie et Iconographie vendômoises*, I, p. 255.

« Le penultiesme jour dudit moys (may 1589), baptisé Nicolas, fils de Gacian Busson. Parrains... *Marcoul de la Haye.* »

Et il a signé, monsieur l'abbé Froger, *il a signé :* « M. de la Haye. »

Chauvigny en Perche est à vingt kilomètres de Vendôme au nord. Authon en Beauce est à vingt-deux kilomètres de Vendôme à l'ouest. Comment se fait-il qu'on y trouve aussi des la Haye?

Il y avait dans l'église d'Authon deux pierres tombales dont Clérambault nous donne la reproduction, et aussi Rochambeau qui a trouvé le moyen d'en donner une transcription défectueuse[1] :

« Cy gist le corps de vertueuse dame Urbaine de la Haye, femme de haut et puissant Mre Pierre de Launay, chevalier, seigneur d'Onglée, du Fresnes et autres places, laquelle deceda le mercredy 13 de decembre 1633. — Priez Dieu pour son âme. »

« Cy gist le corps de hault et puissant m^{tre} Pierre de Launay, seygneur d'Onglée, du Fresne et autres places, gentilhomme ordinaire de la chambre du roy, lieutenant de la compagnie de cent hommes d'armes de M. le mareschal de Lavardin,

---

1. *Ibid.*, II. 427.

lequel (de Launay. pas de Lavardin) deceda le
13ᵉ jour d'aoust 1644. »

La dame est vieille, en robe lâche, ne marquant
même pas la taille.

Maclou faisait des vers, lui aussi, dès 1550, et
même de la musique :

> Maclou, amy des Muses,
> En la Musique expert...
> Ceux à qui point n'agréent
> Tes beaux arts tant connus...
>
> (VI, 152.)

> C'est celuy qui *ne* s'essaye
> De sonner *en vain* ton los.

Donc il réussissait assez gentiment.

> Si le Ciel permet qu'il vive,
> Il convoira doucement
> Les neuf Muses sur ta rive,
> Pleines d'ébaïssement...
> Faire aller ton flot superbe
> Honoré par *ses chansons.*
>
> (VIII, 27-28.)

> Bayf, Muret, *Maclou*, Bouguier, Tagaul,
> Razant mes paz, leurs paz levent si hault...
>
> (VII, 147.)

Si on possède encore les chansons ou les vers

de Maclou. quelqu'un aura-t-il le courage d'y
chercher quelques souvenirs ou quelques allusions
à ses amitiés ou à son pays?

*
* *

J'ai rangé parmi « les amis vendômois de Ronsard » Marcoul de la Haye, que le poète appelait
gentiment Maclou.

Premier point. — Maclou était-il Vendômois?

J'ai donné la copie de l'acte de baptême fait à
la Madeleine de Vendôme, le 8 août 1552, de
« Henry, fils de noble homme Marclou de la Haye
et Jehanne Desmons, sa femme ».

Voici une vraie trouvaille, qui fixe Maclou à
Vendôme :

« Le 22 decembre 1557, Pierre Phelipeaulx,
commis par le roy à l'exercice de la charge et
generallité de Languedoïl establie en la ville de
Tours, veues les lettres patentes données à Com-
piegne le 6ᵉ de juillet dernier... mande... à *Mᵉ Maclou de la Haie, receveur des aydes* en l'ellection
dudit Vendosme. que des deniers de sadite recepte
de l'année finie le dernier jour de septembre... il
paie... Mandant en outre audit de la Haye et à son

compagnon audit office, que doresnavant ils paient... etc. » (Archives départementales de Loir-et-Cher, G 238).

Et le 30 mai 1589 il est parrain à l'église Saint-Laurent de Montoire, et il signe : « M. de la Haye ».

Second point. — Était-il de famille vendô-moise?

Dans le titre de ses œuvres il se qualifie de « Picard ». M. l'abbé Froger a pu préciser son lieu d'origine (?), de nativité (?), par les indications que donne Marcoul lui-même dans ses poésies. C'est Montreuil-sur-Mer (Pas-de-Calais).

Mais s'il est né en Picardie, même s'il était simplement d'origine picarde, comment se fait-il qu'il y avait au milieu du xvie siècle toute une tribu de la Haye installée à Vendôme et environs?

1° Le 12 mars 1549 (v. st.) en l'église de la Madeleine de Vendôme, « Marie Cohuau, dame de la Haye », et une autre dame sont marraines d'une fille : le parrain est « Claude, fils de maistre Jehan Daguier, vicomte de Vendôme » (et mon decimaïeul).

Le 16 mars 1553 (v. st.), même paroisse, « Madame de la Haye Marie Cohuau, et Loyse Denyau, *femme* de M⁰ Anthoine de Baugé », sont ensemble marraines.

« Dame de la Haye », c'est bien visible, ne peut signifier femme d'un Monsieur de la Haye, mais dame du fief ou du lieu de la Haye, et le nom patronymique est donc Cohuau.

2° Mais j'en ai, des Cohuau !

Le 4 mars 1536 (v. st.), même paroisse, est marraine « Marie, fille de Jehan Cohuau ».

4 octobre 1538, même paroisse, parrains : « M⁰ Georges Bruneau, presbtre, maistre de l'Hostel-Dieu de Vendosme, et Monsieur *l'escuyer Cohuau* ».

31 décembre 1540, même paroisse, marraine : « Marie, fille de noble homme mons. *l'escuyer* Cohuau ».

La marraine de 1540 ne peut être la Marie baptisée moins de cinq ans avant. Cela fait donc deux Cohuau, l'un qui est escuyer, l'autre qui se contente d'être Jehan.

Savez-vous où je vais encore en trouver du Cohuau? Dans Rabelais !

Quart Libvre, chap. xxvii, où le grand railleur rapporte avec tant d'émotion « les prodiges horrificques qui præcederent le trespas du feu seigneur de Langey » (Guillaume du Bellay, qui, avec ses

trois frères, avait construit à Vendôme le superbe
hôtel de Langé). Rabelais cite un certain nombre
« d'amys, domesticques et serviteurs du deffunct »,
et vous pouvez lire, il y a : « Rabelays, *Cohuau...* »

3° Voici d'autres de la Haye.

A Montoire-sur-Loir, paroisse Saint-Laurent,
voici Jacques de la Haye et sa femme Françoise,
qui font baptiser leur fils Jehan le 20 janvier 1556
(v. st.).

Même paroisse, Michel de la Haye et Jacquine,
sa femme, font baptiser deux enfants, en 1579
et 1581 : Marin et Hilaire.

« M° Nicolas de la Haye, procureur de la Ferrière » (bourg établi au milieu d'une portion de la
forêt de Gâtines), est parrain quatre fois, de 1575
à 1591, à Saint-Laurent. Sa femme Catherine de
Locques, de souche vendômoise, est marraine
quatre fois dans le même laps de temps. Leur
fille Renée est marraine six fois, de 1588 à 1590 ;
elle est mariée à Mathurin Gain, greffier de l'abbaye (de la Trinité de Vendôme), et ils font baptiser une fille, à la Madeleine de Vendôme, le
20 février 1612.

Voici encore Urbaine de la Haye, morte en 1633,
épouse de Pierre de Launay, seigneur du Fresne
(Authon en Beauce, à quelques kilomètres à

l'ouest de la Ferrière), mort en 1644. J'ai donné
précédemment les inscriptions rectifiées de leurs
pierres tombales.

Et je trouve encore un Guillaume de la Haye,
sieur de Launay, conseiller du roi, directeur des
aides à Vendôme, époux de Françoise Mathieu,
qui fait baptiser une fille, à la Madeleine de Vendôme, en 1717.

Troisième point. — Y a-t-il un lieu dit *la Haye*,
à Vendôme?

Oui, j'en connais même deux.

Je laisse de côté le lieu dit la Haye, paroisse de
Sainte-Gemme, à quinze kilomètres à l'est de
Vendôme, parce qu'il était au xvie siècle possédé
par la famille de Gallon.

Mais je retiens celui que j'ai trouvé dans l'Inventaire des titres de la Maison-Dieu de Vendôme :
« 1353. Le lundi après la chaire de saint Pierre,
vidimus du testament de Jean Moreau et Gillette,
sa femme, par lequel ils donnent à la Maison-Dieu
vingt sols de rente à prendre sur héritage sis *à
Vendôme, au lieu de la Haye,* entre la maison de
Guillaume Huguet et la ruelle par laquelle on va à
la tennerie aux hoirs Jean Copelet » (mon septi-
modecimaïeul, dont une fille épousa Gervèse

Malon, le premier connu de cette puissante famille, et mon sextodecimaïeul) « à charge de trois
messes de morts par chacune semaine ».

Je suis à peu près sûr que cette tannerie, et par
suite le lieu de la Haye, se trouvaient dans la
partie ouest de Vendôme, qui cent trente ans plus
tard fera partie de la paroisse de la Madeleine.
Ainsi se trouve justifiée l'indication de Ronsard :

> Fuy doncques, heureuse source,
> Et par Vendosme passant,
> Retiens la bride à la course,
> Le beau cristal effaçant.
> Puis, saluë mon la Haie.

Mais qu'en dit M. l'abbé Froger?

II. — FLORENT CHRESTIEN

Ami de Ronsard, au moins à la fin de la vie de
ce dernier, les biographes l'affirment avec ensemble, et je ne vois nul moyen, soit de contester,
soit d'appuyer leur dire; car je refuse de consi-
dérer comme une preuve la lettre de Ronsard à
M. *Chrestian,* publiée par Rochambeau dans *la
Famille de Ronsart.* Elle est fausse, cette lettre

« complètement inédite ». En effet, ce n'est pas en s'installant rue Saint-Jacques dans la maison du prieuré de Lancé, que Ronsard pouvait espérer « demeurer près » de Florent, dont l'habitation doit être recherchée sur l'emplacement ou dans les alentours de notre sous-préfecture. Mais le fabricateur de cette lettre s'est inspiré de certains auteurs locaux qui, n'ayant rien fouillé, inventaient de toutes pièces.

Vendômois, il ne l'était pas (*non licet omnibus…*), mais il l'est devenu. Sur ce point au moins nous pouvons apporter des preuves matérielles : non seulement il a habité Vendôme avec sa femme et son fils, de 1582 à 1589 au moins, mais encore il y fut propriétaire. Il y serait même mort le 3 octobre 1596, de la maladie de la pierre.

C'est à Orléans qu'il serait né, le 26 janvier 1541, d'un père médecin dans cette ville, qui y mourut vers 1560, après avoir fait gémir la presse de ses traductions et de ses ouvrages de médecine. On dit que la famille Chrestien était originaire de Bretagne, mais on dit aussi que le grand-père de Florent était chancelier de Charles de Bourbon, duc de Vendôme, aïeul d'Henri IV. C'est d'Orléans, en tout cas, qu'en 1563, sous le pseudo-

nyme de *François de la Baronnie,* il aurait décoché
à Ronsard, qui venait de se poser en censeur des
calvinistes, des critiques et des lardons qui bles-
sèrent profondément le poète. Ne s'avisait-il pas,
ce jeune étourdi de vingt-deux ans. de contester
au chantre attitré des *Amours,* qui frisait la qua-
rantaine, le droit de se transformer en défenseur
patenté de la religion catholique? Il semble bien
que c'est de là seulement que viendrait le calvi-
nisme farouche dont on a voulu gratifier Florent,
mais ce n'était peut-être pas indispensable.

Vingt ans après, quelques années avant la mort
de Ronsard, il serait devenu son ami. Cette volte-
face n'a rien en soi qui puisse surprendre ceux
qui ont étudié le xvi⁰ siècle. Mais il faut laisser au
fantaisiste auteur de Passac (« *de la même pro-
motion que Buonaparte, mais une trentaine de
rangs avant lui* ») le plaisir de raconter à ses benoîts
lecteurs que Florent, libéré des prisons de la
Ligue (1589), « revint habiter Vendôme *où demeurait alors Ronsard, avec qui il vécut* dans la
meilleure intelligence *jusqu'en 1595* qu'il mourut ».
Toute la terre sait cependant que Ronsard, en 1589,
vivait depuis quatre ans déjà dans les Champs
Élyséens.

Faut-il admettre cet autre motif de son établissement à Vendôme? Comme il avait été l'un des précepteurs d'Henri de Navarre, celui-ci, pour lui témoigner sa reconnaissance, lui aurait donné la garde de sa bibliothèque de Vendôme, dit un auteur, de la bibliothèque de son oncle, le cardinal de Bourbon, le roi de la Ligue, précise un autre. La plaisante invention en vérité! Le « Biarnois » à la tête d'une bibliothèque! Mais il l'aurait *lavée*, et vivement!

Florent Chrestien est venu à Vendôme, tout simplement parce qu'il est devenu, vers 1582, l'un des fonctionnaires (on disait alors officiers) du roi de Navarre dans son duché de Vendôme. Fonctionnaire catholique, comme du reste presque tous les officiers de ce chef des huguenots, le fait est indéniable, puisque ce sont les registres paroissiaux des catholiques de Vendôme qui vont nous fournir ses nombreux parrainages. Grâce à eux nous allons pouvoir connaître sa vie et ses relations à Vendôme.

C'est l'époque où le séjour à Vendôme s'imposait à tout homme prudent, à Florent plus qu'à tout autre. D'une part, depuis 1572, la ville était retombée au pouvoir des catholiques; d'autre part, la qualité d'officier du duc protestant de Vendôme devait suffire à vous préserver d'être *huguenoté,* dans le cas bien peu probable d'un retour subit de fortune au profit des huguenots.

Dès 1582 il est installé à Vendôme, lui et les siens, puisque le *Compte de la chastellenye de Vendôme pour 1583* [1] le comprend au nombre des « officiers de la duché » pour l'année entière. Il remplissait un certain nombre de charges, qui exigeaient sa présence assidue à Vendôme.

Il est *garde du scel* des Grands Jours du Vendômois (tribunal permanent d'appel du bailliage de 1515 à 1714), et il a versé au receveur du domaine « la somme de 112 livres 18 sols 5 deniers provenant de l'emolument dudit scel (au profit du roy) du 1er janvier au 31 décembre 1583 [2] ».

Il est « *tresorier et garde des chartres* dudit seigneur roy en son chastel de Vendosme », et pour ces deux places il reçoit cent livres tournois « pour une année de ses gaiges [3] ». La voilà, la bibliothèque ! Mais, hélas ! qui me dira où se trouvent aujourd'hui ces chartes ?

---

1. Publié par M. J. Thillier au *Bulletin de la Société archéologique du Vendômois,* 1879 et 1880.
2. *Bulletin,* etc., 1879, p. 323.
3. *Bulletin,* etc., 1880, p. 151.

Enfin, il est surtout « conseiller dudit seigneur roy », c'est-à-dire membre de son conseil, car il reçoit 48 livres tournois « pour ses salaires d'avoir vacqué au conseil dudit seigneur roy pour quarante-huit journées durant l'année ». C'est une séance par semaine. Il avait à travailler, ce conseil, car Henry de Navarre n'a pas cessé, de 1573 à 1594, de vendre en détail son duché de Vendôme pour payer, avec le patrimoine de son père, les dettes contractées par sa mère *pour la cause.* En 1573, c'est la forêt de Gâtines. Le 23 octobre 1593, c'est toute la baronnie de Montdoubleau (rattachée au Vendômois en 1484), qui est vendue à la tante proxénète de la belle Gabrielle. Le 26 février 1594, c'est une île du Loir, l'île de Saint-Quentin, entre Montoire et Troô, que Duplessis-Mornay vint vendre en personne, et comptant, pour pouvoir le lendemain faire sacrer son roy à Chartres, le chapitre refusant de faire crédit.

« *Secrétaire ordinaire des finances* du roy de Navarre », tel est le titre que lui donnent ordinairement les curés de Vendôme.

— Le 24 juin 1584, paroisse de la Madeleine de Vendôme, apparaît, comme parrain avec Guillaume Gobinet, « Claude Chrestien ». C'est le fils

aîné de Florent ; il doit avoir dans les quinze ans ;
il signe *Chrestien.*

— Le dimanche 5 août suivant, c'est le père
lui-même qui est parrain dans la même paroisse ;
on y baptise un fils de Mathurin de Cuigy, sieur
de Maudétour (très ancien fief, sur la déclivité du
coteau de la rive gauche du Loir, à quatre kilomètres de Vendôme), et de dame Marie Aulthier.
« Parrains : noble homme M. Fleurent Chétien
(sic) secrétere du roy de Navare, et Bonacorsy
Balbani (gentilhomme lucquois, dit-il ailleurs).
conseiller et élu en l'élection de Vendosme ».
Inutile d'ajouter que ce fut Chrestien qui donna
son prénom à l'enfant ; et il signa *Chrestien.*
Mathurin de Cuigy, « Monsieur de Maudétour »,
était le propre neveu de mon nonaïeul, Charles
d'Argouges-Cueillette. En avril 1586 sa femme
le déclarait valet de chambre du roy de Navarre,
et à partir de janvier 1587, receveur de Messieurs
(les chanoines) de Saint-Georges.

Les combinaisons humaines pèchent toujours
par quelque endroit. Chrestien n'avait pas dû pré-
voir un retour subit et irrésistible de la Ligue
de 1576 que le roi de France croyait bien
avoir étouffée par *sa paix* de Bergerac (17 septembre 1577), et encore par celle de Fleix (26 no-

vembre 1580). Mais le duc d'Anjou vint à mourir le 10 juin 1584. Menacée de voir arriver sûrement au trône un prince qu'elle traitait d'hérétique relaps, la Ligue se reconstitua à la fois contre cette éventualité et contre Henri III (31 décembre). Et le 30 mars 1585 les princes catholiques lancent de Péronne, berceau de la Ligue de 1576, leur fameuse *Déclaration*.

A Orléans, cet ancien boulevard des protestants, d'Entragues reçoit à coups de canon, le 21 avril, les troupes royales, conduites par d'Aumont et Montpensier. Le 7 juillet, traité de Nemours qui livre à la Ligue les protestants et le pouvoir. La guerre n'en continue que de plus belle, puisque l'édit du 18 juillet va supprimer l'exercice du culte réformé. En septembre, Condé lâche le siège de Brouage pour tenter l'aventure d'Angers. Joyeuse arrive, passe à Montoire le 30 septembre. Condé poursuivi vient à la fin d'octobre errer autour de Montoire et de Vendôme et doit se résoudre à licencier son armée dans la forêt de Marchenoir. Ronsard mourant était venu de Croixval se réfugier dans son prieuré de Saint-Gilles, dans l'enceinte du bourg Saint-Oustrille, du 27 octobre au 2 novembre.

Au milieu de ces troubles, Florent exerce en paix son aptitude à être parrain. C'est maintenant sur la paroisse Saint-Martin de Vendôme.

— « Le 15ᵉ jour de féverier 1586. Baptesme de Florens, fils de Charles Gauzy (maître de la fourrière du roy) et de Jehanne Souyn. Parrains : honorable homme Florens Crestien, et honorable homme Jehan Choysne (boulanger du roy de Navarre dès 1582). Marraine : Marie Jodon, femme de honorable homme Claude Gault (recepveur general du domaine du roy de Navarre au pays et duché de Vendômois, devenu en 1593 receveur des tailles en l'élection de Vendôme en remplacement de Pierre Barentin, sieur des Gâts, ancêtre des intendants d'Orléans). Signé : Chrestien. »

— « Le 12 de novembre. Baptême de Pierre, fils de Mᵉ Pierre de Morées (contre roolleur du grenier à sel de Vendosmoys, c'est son voisin de jardin) et de Marguerite de Launay. Parrain : noble homme Florent Chrestien. Signé : Chrestien. »

— « Le 12 janvier 1587. Baptême de Florent Buffereau, fils de Mᵉ Michel Buffereau, greffier ordinaire du bailliage, et de Jehanne Thouart. Parrain : Mᵉ Florent Chrestien, *secretaire ordi-*

naire du roy de Navarre, et Mᵉ Charles Gault, advocat en ceste ville. Signé : Chrestien. »

— « Le sabmedy 7ᵉ jour de feubvrier. Baptême d'Anne, fille de Mᵉ Marin Quesnot, garde du grenier à sel estably par le roy à Vendôme, et de Marguerite Margonne. Parrain : Loret, greffier en ladite élection de Vendosme. Marraine : honneste femme *Anne Dubois, femme* de noble homme Mᵉ Florens Chrestien, *secretaire ordinaire des finances du roy de Navarre*, et Marie Authier, femme de Mᵉ Mathurin de Cuygy, sieur de Maudétour (et saisi depuis 1584). Signé : Anne Dubois, Marye Aulthier, Loret. »

En 1587, suprême effort du roi de France. Joyeuse est envoyé contre le roi de Navarre, et Guise contre les Allemands. Mais, contre l'attente du roi, l'armée de Joyeuse est détruite à Coutras (20 octobre), et Guise est vainqueur à Vimory (26 octobre) et à Auneau (24 novembre).

— « Le 21ᵉ jour de novembre 1587. Baptesme à la paroisse Saint-Lubin de Vendôme d'Albert Marthra. Parrains : Florent Chrestien et Blaise Bustier. Marraine : Marie Gobinet (femme du boulanger Jehan Choisne). » Le vicaire a signé seul.

Le 12 mai 1588, Journée des Barricades à Paris; le 13, fuite du roi à Chartres, où il resta jusqu'au 31.

— « Saint-Martin de Vendôme, 18 mai. « Baptême de Jehan Thison, fils de Jehan Thison, vallet de chambre de la reyne mere du roy (Catherine de Médicis), et de Marie Roger. Parrains : M⁰ Jehan Habert, thrésorier payeur de la gendarmerie de France, et Florent Chrestien. Marraine : Jehanne Chanson, femme de noble homme Jehan Grimaudet, conseiller et élu pour le roy en l'election de Vendosme. Signé : F. Chrestien, Habert, Jeh. Chanson. »

Le 29 mai Henri III promet à la Ligue de convoquer les états généraux pour le 15 août; le même jour *l'invincible Armada* mettait à la voile à Lisbonne, menaçant aussi bien les protestants que le roi de France; aussi le 19 juillet l'Édit d'union promet à la Ligue d'assurer l'extermination des protestants et l'adoption des canons du concile de Trente.

— Paroisse Saint-Martin. « Le 4⁰ jour d'aoust 1588. Baptême de Florent, fils de Jacques Gaultray et Anne Morin. Parrains : frère Pasquier Gaultray, religieux et secrétaire de l'abbaye de la Sainte Trinité de Vendôme, et noble homme Florent Crestien, *conseiller et secrelayre des finances* du roy de Navarre. Marraine : Jehanne Thouart, femme d'honorable homme M⁰ Michel Buffereau, greffier du bailliage de Vendosme. Signé : Gaultray, F. Chrestien. »

— Paroisse Saint-Martin. « Le dimanche 28ᵉ jour d'aoust. Baptême de Marie, fille de honorable homme Mᵉ Pierre Girard, licencié es loix, advocat et substitut de monsieur le procureur fiscal de Vendosmois, et de honneste femme Françoise Perrois, sa femme. Parrain : Mᵉ Laurent Bry, licencié es loix. advocat. Marraines : dame Anne du Bois, femme de noble homme Mᵉ Florent Chrestien, *conseiller et secretaire du roy* de Navarre, et damoiselle Marie Baranger, femme de noble Mᵉ Bonacourse Balbany, conseiller et controleur pour le roy, nostre sire, en l'élection de Vendosme. Signé : L. Bry, Anne Dubois, M. Baranger. »

Le 16 septembre commence la vérification des pouvoirs des députés aux états généraux de Blois, et Guise s'apprête à faire déposer le roi.

— « Le 13 octobre (à Saint-Lubin de Vendosme). Baptême de Fleurent Delorme. Parrains : Florent Chrestien et Guillaume Gobinet. »

Le 16 octobre a lieu la séance solennelle d'ouverture des états ; le 18, l'ordre de la noblesse avertit le roi que « le plus grand fléau de ce royaume, après l'hérésie, a été *l'étranger italien,* qui a butiné et butine cruellement toute la France ». Balbani, vous êtes couché en joue !

Le 23 décembre, mise à mort du duc de Guise. Alors commence la tragique année 1589.

Le 7 janvier, la Sorbonne délie le peuple de France de toute fidélité au roi : le 24 janvier, le parlement, épuré le 16, suit le mouvement, et aussi presque toutes les grosses villes. Le roi, qui n'a même plus le moyen d'être le *roi de Bourges,* transféra en mars, à Tours, le parlement, et à Vendôme son grand conseil. Dès le 25 mars, la femme d'un avocat à ce conseil est marraine à Vendôme, paroisse Saint-Martin.

Le 3 avril, trêve entre Henri III et les hugue-nots. Alors Mayenne sort de Paris pour enlever ces dernières marques du pouvoir royal, et aussi enlever au roi son dernier asile. Le 24 avril, Jacques de Maillé, sieur de Bénéhart, « gouver-neur et lieutenant *pour le roy* au pays et duché de Vendosmoys », disait le curé en janvier 1586, ouvre les portes de la ville à l'avant-garde de Mayenne, commandée par celui que nous appe-lons Rosne, mais que le curé dénommait « noble

Chrestien de Savigny, seigneur de Rône, baron de Traquestin, Tonnoys et Sainte Rue, capitaine de cinquante hommes d'armes, maréchal général en l'armée de la Sainte Union ». Rosne fait main basse sur les membres du grand conseil, et aussi sur les plaideurs qui s'avisaient de suivre leurs procès en un pareil chambardement de l'État. Tout cela est déclaré prisonnier de guerre, et vaudra de bonnes rançons. Ce même jour, Rosne et Maillé trouvent encore le temps d'être les parrains d'un fils de Jehan Grymaudet, sieur de la Croiserye, conseiller et *esleu* en l'élection de Vendôme, et de Jehanne Samson. La marraine, qui dut se rengorger, fut Marie Jodon, femme de Claude Gault, receveur général du Vendômois. Et tous trois signèrent : De Maillé Benehart, Chrestien de Savigny Rone, Marie Jodon.

Ce jour-là notre Florent ne fut pas parrain. Il venait d'être « pris prisonnier de guerre » par les ligueurs, lui, ce littérateur, cet helléniste distingué ; et c'était bien la peine d'être un catholique avéré ! Sans doute il ne l'était pas dans le sens de la Ligue, et rien ne démontre mieux que Mayenne s'occupait plus de politique que de religion. Il est permis de supposer que tous les officiers des deux rois de France et de Navarre subirent le même sort, et l'on n'aura plus qu'à admirer la facilité du coup de filet. Mais Maillé, qui avait trahi ses deux maîtres, n'attendra que six mois le châtiment.

Puisqu'il était prisonnier de guerre, Florent avait à payer une rançon, tout comme s'il eût été pris les armes à la main. Au moins dans ce temps-là la guerre avait une utilité appréciable. M. de Brignieu, qui l'avait pris, avait des besoins, et fixa sa rançon à 500 escuz sol. Florent, qui recevait par an dans les 200 livres de gages, implora son maître, Henri de Navarre, non à titre d'ancien professeur, ce qui a toujours été d'un chétif effet, mais à titre de serviteur tourmenté pour faire contribuer son maître. Le roi de Navarre, alors à Saumur, comprit et s'engagea. L'ordonnance de payement[1] se fit attendre, pas trop cependant, puisqu'elle est datée du 10 décembre, époque à laquelle le roi de Navarre était depuis quatre mois devenu roi de France, et venait de prendre d'assaut, le 19 novembre, sa propre ville de Vendôme et de faire pendre Maillé.

Le 25 avril, Mayenne traverse Vendôme et le 26 assiège Chasteau-Regnault. Henri III, menacé

---

1. Publiée par M. Bouchet, dans le *Bulletin de la Société archéologique du Vendômois*, 1869, p. 290.

d'être enlevé dans Tours, appelle à son aide le roi
de Navarre, parti de Saumur le 28, et alors à
Luynes. Le 30 avril les deux rois se jettent dans
les bras l'un de l'autre : nécessité fait loi. Après
deux mois de préparatifs, ils dirigent en juillet
une très forte armée sur Paris, par Blois, Beaugency, Jargeau, Pithiviers, Étampes...

Le 25 juillet, Florent, qui n'a pas encore payé
son « vainqueur », a cependant recouvré sa liberté,
car il est parrain (à la Madeleine), avec Anthoine
de Baugé, docteur médecin (dès 1580), d'un fils
de Gilles Taffu, lieutenant du prévôt de Vendôme,
et de Jacquette Doulcin. La marraine est Anne
(elle signe : Jehanne) Chanson (et non Samson),
femme de Mᵉ Jehan Grymauldet ; c'est la mère de
l'enfant baptisé le 24 avril, et cette simple coïncidence ne dut pas être agréable à Florent. Mais
c'est alors qu'il convenait d'être philosophe.

Le 1ᵉʳ août Henri III est assassiné à Saint-
Cloud, et meurt le 2. L'armée des royaux se
débande ; Henri IV décampe le 8 août et se dirige
vers la Normandie, notamment pour aller au-
devant des troupes anglaises que lui envoyait
Élisabeth à titre de renfort.

Le centre de la France fut alors abandonné aux
ligueurs.

« Le lundy 21ᵉ jour d'aougst l'an 1589, écrit le vicaire de Saint-Martin, estant pour lors en ceste ville de Vendosme, le sieur de la Chastre (gouverneur ligueur d'Orléans) et le chevalier de Boys Daulphin, *avecq leur armée...* »

Le 21 septembre, c'est Arques. Le 19 octobre Henri IV part de Dieppe pour aller assiéger Paris.

Le 20 octobre, à Saint-Martin, Claude Chrestien, fils d'honorable homme Florent Chrestien, est parrain de Claude, fils de Florent Posny, sergent royal à Vendôme.

Le 31 octobre Henri IV arrive devant Paris, et le 1ᵉʳ novembre il s'empare des faubourgs, qu'il fait piller avec ordre et méthode. Le 4, ses soldats refaits, il quitte la place, et s'en va à Tours par la Beauce. Sur son chemin, il trouve sa ville de Vendôme, et puisque, malgré cinq jours de négociations, il ne peut décider *son* gouverneur à lui ouvrir les portes de *sa* ville, il la prend d'assaut, le dimanche 19 novembre, pendant la grand'messe.

Florent était-il encore à Vendôme? Je crois bien que non, car, à partir du 20 octobre, je ne le vois plus, ni lui ni les siens, figurer sur nos registres. S'il y était encore, il fut pillé comme tout le monde, sauf le monde ecclésiastique, par les

bandes anglaises et gasconnes qui composaient
l'armée de Henri IV. Rançonné par la Ligue,
pillé par le roi, mais elle était remplie d'imprévu
la situation des bourgeois de l'époque! Où donc
aller se mettre en sûreté?

Florent commença par aller à son jardin, car,
pour voir clair dans une situation embrouillée, il
ne s'agit pas de rester assis à sa table de travail, il
faut marcher ses inquiétudes au grand air.

Je ne connais pas d'époque plus tragique, de
situation plus poignante pour un esprit sain,
décidé à se dégager des ambiances et à se donner
lui-même sa direction; mais où la prendre? Il n'y
a plus de roi de France; celui qui en prend le
titre, plus Basque que Français, n'est qu'un con-
dottiere pas toujours heureux, ne possédant en
somme que le terrain qu'occupent ses troupes. De
l'autre côté, la Ligue, qui s'agite et sait bien que
si elle a pu détruire elle ne peut rien fonder.
Après avoir bafoué et enlevé tout prestige comme
tout moyen d'action au pouvoir central, elle a
ramené la féodalité. C'est la vue de ce revenant
exécré qui va obliger les Français à restaurer la
royauté, dont les états de 1593 vont pourtant
démontrer l'inutilité, mais entre deux maux il

faut toujours choisir le moindre. En attendant, il faut se mettre en sûreté, et c'est Paris, la sûreté, Paris toujours assiégé et jamais pris. Allons! il faut aller au cœur du volcan, parce qu'au moins on n'aura à se défendre que d'un côté. Et le jour où la Ligue prêtera le flanc, eh bien, on lui fera payer cher tous les maux qu'on a subis à cause d'elle. La plume qui a transpercé Ronsard en 1563 saura bien trente ans après égorger le cardinal Pellevé.

Nous avons, Dieu merci, conservé la Satyre Ménippée. Moi j'ai retrouvé le jardin où elle fut conçue.

Le merveilleux emplacement pour un jardin de penseur! Il était situé au cœur du vieux Vendôme, au milieu d'eaux et d'ombrages, dans l'île de Paradis, c'est tout dire pour ceux qui connaissent l'endroit. Mais qui donc le connaît, même à Vendôme?

Dans la rue du Change, le bras du Loir qui passe sous le pont Périn se subdivise, enserrant en ses deux bras le début de l'île de Paradis, conforté par le platane centenaire du parc du lycée. Le premier bras traverse la rue de la Poterie sous le pont Rondin, et c'est là que se limita la paroisse

Saint-Martin lorsque fut créée la paroisse de la Madeleine en 1487. L'autre bras traverse la même rue de la Poterie sous le pont de la Cheverie, et s'en va, par un coude, retomber dans le premier. en enserrant la Corméraie. Et voilà en gros l'île de Paradis.

Mais du pont Périn à la rue de la Poterie, l'île ne se compose guère que de quatre jardins immenses : parc du lycée, entre les deux bras ; jardin de la sous-préfecture, au long de la rivière de Vielpont ou bras du pont Rondin ; jardin du domaine des du Bellay de Langey, dont l'hôtel borde le bras dit, en 1282, canal de Baillou, et au xvi° rivière de Langey, maintenant bras de la Cheverie ; enfin jardin du musée, lequel fait face à la rue de la Poterie.

Le jardin situé derrière le musée actuel (1867) est séparé des jardins de la sous-préfecture par un canal étroit, dit le Boisseau-d'Eau, qui part du bras du pont Rondin pour aller tomber au pont de la Cheverie. Coupant l'île presque par le milieu, il faisait la séparation du fief de la Maison-Dieu (lycée et domaine de Langey) d'avec le fief de la Salle de Vieuxpont.

C'est au long de ce ruisseau, au fond des jardins actuels de la sous-préfecture, que se trouvait le jardin de Florent Chrestien, aujourd'hui planté d'une double rangée de tilleuls. L'endroit est merveilleux de calme et de silence ; on sent autour de soi bruire la ville, mais les ondes sonores sont arrêtées par les puissantes ramures des grands arbres. Seuls, des merles moqueurs, ces interlocuteurs obligés des sous-préfets depuis Daudet, se permettent de siffler leurs chansons les plus acerbes, sans crainte d'être dérangés. Car ils savent, ces successeurs de Florent, que le représentant du gouvernement actuel ne s'exposera pas à aller méditer là où Florent promena ses rêveries. S'il allait lui prendre fantaisie d'écrire une Satyre Ménippée, ce petit livre qui ramena un roi sur le trône !

1907-1908-1913.

LES DEMEURES DE RONSARD EN VENDOMOIS.

Les demeures de Ronsard en Vendômois

Lorsque quelques Vendômois s'avisèrent, en 1867, de publier leur projet d'élever à Vendôme une statue à Ronsard, le maire de Montoire [1] (qui n'était pas encore sur Loir) s'empressa de protester contre le choix de l'emplacement : « Jamais Ronsard n'a habité Vendôme. C'est à Montoire, sur la grand'place, que doit s'élever sa statue, car à la fin de sa vie il a habité le prieuré de Saint-Gilles en Saint-Oustrille, et Saint-Oustrille n'est-il pas le primitif noyau de Montoire? Il a encore habité sur Ternay le prieuré de Croixval.

----

1. Cf. p. 196.

C'est à deux lieues de Montoire, mais n'y avait-il pas déjà deux siècles que Montoire était la *capitale* du Bas-Vendômois? Ce n'est donc qu'à Montoire que le poète peut se retrouver *chez lui.* »

Les Haut-Vendômois n'essayèrent nulle réponse; qu'est-ce qu'ils auraient bien pu dire? Ils se contentèrent, lorsqu'on leur présenta la statue, d'en faire raccourcir le cou, qui était vraiment par trop long — il l'est encore — et de faire l'inauguration de 1872 avec une statue en plâtre bronzé. Elle est maintenant en bronze. Que de bronze perdu !

Et puis qu'est-ce qu'elle fait là? Elle occupe vraisemblablement la place de la chambre où naquit le maréchal de Rochambeau en 1725, et lui, le poète, se sent si nouveau venu dans la ville de Vendôme qu'il en perd toute contenance. Il est armé d'un stylo gigantesque, et cependant il n'écrit point sur ses tablettes. Levant haut la tête, il regarde, du côté précisément du Bas-Vendômois.

Le moment est venu de régler une bonne fois la question agaçante, irritante, des demeures des Ronsard, et surtout du poète, en Vendômois.

Une manière de tradition veut qu'il y ait eu à Vendôme, rue Saint-Jacques, un hôtel Ronsard, un pied-à-terre pour la famille. On en a précisé la place : ce serait juste en face de mon portail. C'est ce qu'on appelait la maison du prieur de Lancé, ou la maison de Lancé [1]. En 1261, c'était une grange appartenant à Pierre Sorre, bourgeois de Vendôme, et cent ans après on disait *la rue à la Sorée*. En 1474, elle est encore grange, appartenant à Emery Boultery ; mais, en 1481, c'est une maison dite *la Grange*, que le prieur de Lancé vient d'acquérir. Il la garde deux siècles, *il ne la loue pas*, et en 1655 il la vend à l'Oratoire, qui l'utilise pour les besoins de son école. Mais en 1776 l'Oratoire reçoit un dixième de l'École militaire : en 1778 il construit le grand bâtiment en bordure de la rue, et je retrouve la *maison de Lancé*, partie dans les deux chambres près de la Porterie, partie dans le début du bâtiment.

Je sais bien que juste en face et de l'autre côté de la rue, ma maison a été pendant tout le xvie siècle, depuis 1504, la maison « où pend la Rose pour enseigne du Jeu de Paume », et que Ronsard était le premier joueur de paume du royaume. Dans ma maison, l'auberge ; *dans ma cour, l'immense mur du fond contre lequel on jouait*

---

1. Cf. pp. 34, 201.

à la paume. D'autre part, la propriété qui me joint à l'est s'appelait jadis la maison des Radrets, parce que la branche des d'Illiers des Radrets, commencée en 1371 par Geoffroi d'Illiers, possédait cette propriété depuis 1460. La grand'mère paternelle du poète, Jeanne d'Illiers, était la sœur d'Yvon d'Illiers, et, en 1537, c'était sa propre nièce, Madeleine de Joyeuse, veuve de Jean II d'Illiers, cousin germain du poète, qui faisait déclaration. En 1573, cette propriété était encore aux mains d'un petit-fils de Jean II, d'Illiers de Rabodange.

Que d'hypothèses séduisantes se présentent à l'esprit! La Rose! mais voilà l'explication du sonnet de la Rose! Où Ronsard pouvait-il demeurer, si ce n'est en face d'un jeu de paume et de l'hôtel de ses grands-oncles et cousins? Mais pas la moindre certitude! Et je me reprocherais d'accepter comme preuves les affirmations aussi sonores que dénuées de toute preuve proférées par les Blanchemain et les Rochambeau.

Le compte du poète est d'ailleurs facile à régler. Il a quitté la Poissonnière à onze ans onze mois, et personne n'a le droit d'affirmer qu'il y est revenu, même à titre passager. D'ailleurs, il n'avait pas vingt ans quand son père mourut, en 1544, et lorsqu'il vit son frère aîné, mon cousin, prendre possession de l'hérédité féodale. En vérité, le grand préfet du Premier Empire, Corbigny, avait une singulière idée de vouloir élever une statue à Ronsard dans la cour du château ; au moins l'aurait-il fait représenter enfant, dans la tenue d'un galopin dénicheur de nids?

De 1544 à 1574, voilà trente années pour lesquelles il ne faut chercher au poète nul lieu d'habitation en Vendômois, bien qu'il ait toujours tenu à faire croire à ses lecteurs et à ses disciples qu'il avait du bien à lui, dans son pays natal. Pendant trente ans, il a suivi la cour vagabonde des Valois en ses déplacements continus. Poète de cour, il ne s'appartenait pas : ou il faisait partie des bagages, ou il devait rester sous la main et à la disposition du maître, Henri II, puis Charles IX, qui ne lui donnaient rien. Poète impayé, c'est nous, les ronsardisants, qui te rembourserons la dette de tes rois, car nous prenons un intérêt toujours plus vif à ta gloire, à tes papiers, à ta vie.

Quand le nouveau roi, Henri III, éprouvant le besoin de changer, se sépara de lui (1575). Ronsard n'aurait su où se retirer s'il n'avait eu ses bénéfices montoiriens.

Jadis, les bénéfices ecclésiastiques étaient attribués à des ecclésiastiques ; le concordat de 1516 avait changé tout cela. Il avait donné au roi le droit de nommer les prieurs aux prieurés, les abbés aux couvents. Alors ce fut une curée, et une curée laïque. C'était avec les bénéfices ecclésiastiques que le roi payait les dettes de la royauté et même du roi ; Charlotte des Essarts était nommée, par Henri IV, abbesse d'un couvent d'hommes de Romorantin.

Toute sa vie, Ronsard, qui semble n'avoir rien reçu de l'héritage paternel, a sollicité, reçu, échangé, *brocanté* enfin de ses bénéfices. En mars 1565, il prend possession en personne du prieuré de Saint-Cosme-en-l'Isle-lès-Tours, que son frère Charles vient de lui céder. En mars 1566 il acquiert Croixval, et vers 1575 il reçoit celui de Saint-Gilles en Saint-Oustrille, qui déjà avait été tenu par des oncles Ronsard : une sorte de prieuré de famille. Il devait conserver ces trois bénéfices jusqu'à sa mort (27 décembre 1585) ; il les habita réellement tous les trois, de l'heure de la retraite (1575) à l'heure de la mort.

Le prieuré de Saint-Gilles dépendait de l'abbaye de Saint-Calais ; Croixval dépendait de l'abbaye de Tiron.

I. — CROIXVAL.

Le prieuré de Croixval (*Crusvalle*, disait en 1100 Marmoutier; *Crûval*, disent encore les gens du pays) fut fondé vers 1125 et donné au couvent de Saint-Sauveur de Tiron. Lentement, à travers les siècles, le prieuré se constitua, par donations et par acquisitions.

Il dépendait de la paroisse de Ternay et n'en était qu'à une demi-lieue. Partez du bourg et remontez la rive gauche de la jaseuse Cendrine. Au bout d'une demi-heure, vous voici devant le bec formé par la jonction des deux ruisseaux qui constituent la Cendrine. Sur une sorte de promontoire se détachent les bâtiments. Il faut les contourner pour pouvoir y accéder.

Comme tous les prieurés, c'était un tout complet. En face de soi, face au midi, la maison des moines. Au début du xviii°, l'occupant laïque se trouva gêné; il construisit d'équerre une bâtisse fâcheuse qui, hélas! existe encore. A droite, un puits isolé, recouvert d'une calotte en pierres et qui vient d'être bouché; et puis la cave, qui est bien du xii°, et qui est construite dans le roc, abrite avec ferveur des vins blancs généreux. A gauche se trouvaient le cimetière, puis la chapelle ; tous deux ne furent supprimés qu'au milieu du XIXᵉ siècle. Dans cette chapelle, le curé de Ternay fit au XVIIᵉ siècle des baptêmes, des mariages ; et, en 1639, il enterra dans le chœur de son église le prieur-baron de Croixval et de Saint-Gilles, Philippe Galland, principal du collège de Boncour, à Paris, qui tenait ces places et bénéfices de son oncle, Jean Galland, l'ami de la dernière heure de Ronsard et son légataire de ces prieurés.

Sur la gauche se trouvaient encore : la basse-cour, les bâtiments du fermier, une halle avec son pressoir ; au-dessous de la maison de maître, le moulin de Croixval.

Nous voici devant la façade du prieuré. Nulle sonnette, mais le bon vieux marteau qui servit à Ronsard. Cognez ferme ! Quelqu'un rabâte à l'intérieur et entr'ouvre la porte. Ce n'est pas Ronsard ; mais vous-même, dites-moi, vous n'êtes pas Cassandre !

On traverse une première pièce, et, dans une seconde, on trouve l'escalier qui mène aux chambres du premier étage, escalier à paliers, escalier dont la décoration est bien du XVIᵉ siècle. Chapeau bas ! je vous prie : sur cette rampe, Ronsard a

Prieuré de Croixval

posé la main. Négligez cette porte qui donne accès au bâtiment du xviiie siècle.

La chambre de Ronsard était à gauche, ouvrait au sommet de l'escalier. Je parle au passé, hélas ! Le propriétaire actuel a cru devoir mettre sa demeure en rapport avec ses facultés nouvelles ; il a exhaussé son rez-de-chaussée pour en faire une halle ; de ce fait, les deux chambres du premier étage se trouvent coupées par la moitié et ne serviront plus que de greniers à foin. Naturellement, toutes les fenêtres ont été bouchées.

II. — SAINT-GILLES.

C'est tout récemment, au xviiie siècle seulement, que Saint-Oustrille est devenu l'un des forsbourgs de Montoire, lorsque l'agrandissement continu de ce dernier bourg, qui ne date guère que du xve, finit par écraser et accaparer le vieux petit bourg carolingien. La forme *Oustrille* (prononcez *Outrille)* est la contraction du nom tudesque Austregisille, et saint Austregisille fut évêque de Bourges de 611 à 624.

Il y avait entre le coteau de Montoire et le Loir un espace étroit, traversé par la route de la rive gauche. Saint-Oustrille s'y blottit; des rues naquirent, pas plus larges qu'un ruban ; une manière de place se fit, le bourg fut complet, assombri, il est vrai, par le coteau trop proche, sur lequel vint s'installer, au ixe, un rudiment de château, complété, renforcé chaque siècle. Les touristes, qui ne savent jamais rien, traversent Saint-Oustrille pour s'arrêter à Montoire; quand on n'est pas un touriste, on fait le contraire.

Dans ce petit bourg, resserré, tassé, il y avait un coin charmant, unique. Le prieuré de Saint-Gilles le prit (Gilles viendrait d'*Ægidius,* et le plus récent des saints de ce nom serait mort en 721). Par une chance singulière, ce prieuré est resté à peu près tel que le trouva Ronsard lorsqu'il lui échut en bénéfice, vers 1575 (croit-on, car personne n'a pu trouver encore l'acte de transmission). Sans doute la maison prieurale en a été détachée depuis un demi-siècle, mais le reste, chapelle, verger, jardin, suffit à nous donner la vue, en plein xxe siècle, d'un prieuré du moyen âge, de même que Fréteval est seul à nous montrer une petite ville fortifiée du temps de la guerre de Cent ans.

Vous êtes sur le pont de Montoire, vous venez d'admirer en amont l'effet des grands arbres bordant la rivière et le château de Lavardin couronnant le coteau. En aval, vous essayez de ne pas voir les horreurs qui bordent la rive gauche du Loir ; cependant vous distinguez la troisième maison, dont le pignon très aigu fait face à la rivière : c'était la maison du prieuré.

Alors passez le pont, engagez-vous dans la rue dite de Saint-Oustrille, parce qu'elle est la rue principale du vieux bourg, comptez deux maisons à votre droite, et voici la venelle, parallèle au Loir, qui mène au prieuré : aussi se nomma-t-elle rue Saint-Gilles. Au fond, en côté, la porte de la maison ; en face, la porte du reste du prieuré.

N'entrez pas dans la maison, il n'y a rien à voir, pas un reste de cheminée ancienne, pas une fenêtre de l'époque, pas un escalier d'autrefois ; tout l'intérieur a été odieusement modernisé. Ce qu'elle a de bien, cette vieille maison, c'est son extérieur, comme tant de vieilles églises.

Entrez dans le reste du prieuré, longez le pignon sud de la maison, et vous voici à la porte de la chapelle ; mais ce n'a jamais été une porte, c'est une ouverture toute récente pratiquée dans le bras gauche de la croix latine. Ce doit être une facilité donnée au XIXe siècle aux pèlerins qui réclamaient avec fureur le moyen de venir implorer saint

Gilles contre la peur, et aussi une manière de les empêcher de vaguer dans toute la propriété.

Vous savez d'avance ce qui vous attend si vous pénétrez dans la chapelle : vous vous trouverez en pleines fresques. Sur tous les murs, plafonds compris, s'étalent des bonshommes, si mal dessinés qu'on les prétend de style byzantin. Coloriés en rouge brique, et de proportions hors nature, ils devaient causer aux enfants des peurs effroyables.

Et sachez que d'aucuns sont venus les copier avec piété, disant avec componction : « C'est l'École de la Vallée du Loir au xııe siècle. » Heureusement l'humidité gagne sans cesse, et chaque année emporte un morceau de ces horreurs. Je veux cependant signaler un détail : le barbouilleur a voulu figurer quelque chose d'immatériel, et déjà il ne savait comment s'y prendre. Le Christ étend ses bras au-dessus de ses onze apôtres partagés en deux groupes ; ils ont beau se tasser, les doigts ont beau s'allonger, les six têtes ne sont pas couvertes. Qu'a fait le peintre ? Il a continué chacun des quatre doigts par des lignes rouges horizontales ; moi je dis que c'est la figuration du fluide vital qui s'écoule par l'extrémité des doigts, de même qu'il rayonne en nimbe (et non en roue de

Prieuré de Saint-Gilles

charrette) autour d'une tête d'essence supérieure.

Lassé de respirer l'odeur de moisi, vous sortez, disant : « Voilà une chapelle bien petite! une abside en cul de four, les deux bras de la croix. Où est donc la croix elle-même, la nef? » Du côté en effet où elle devrait être, un grand mur clôt le tout, et les archéologues s'y cassent le nez. Mais faites le tour, pénétrez dans le jardin, vous retrouverez les restes de la nef, derrière le grand mur. Elle était longue, car, une fois le mur nord abattu, on y a taillé des écuries, des hangars à voitures. Dans le mur sud subsistant, on voit encore avec joie un *oculus,* et enfin, dans la façade occidentale, la vraie porte d'entrée, à moitié enfouie, car toute la propriété a été exhaussée d'un mètre. « Portail à plein cintre, avec colonnettes à chapiteaux ornés de volutes... » Assez! fermez vite!

Jetez plutôt les yeux autour de vous. La nature se rit des œuvres de l'homme, que d'ailleurs l'homme s'empresse de détruire. Mais le grand jardin, baigné de lumière et de grand air, étale toutes ses magnificences. Pomone et son époux Vertumne y déversent à l'envi leurs cornes d'abondance. Les fruits sont-ils aussi savoureux que du temps de Ronsard? Je les crois supérieurs, plus affinés.

Ce grand jardin s'étend d'un côté jusqu'au Loir, qu'il borde sur une cinquantaine de mètres. A l'ouest, il s'étale jusqu'au mur des fortifications de Saint-Oustrille, avec issue sur la route de la rive gauche, qui, dans la direction de Couture, s'appelle encore route de Baucé. Baucé! Savez-vous bien que c'est un des quatre ou cinq noms du Vendômois antérieurs au xi⁰ siècle, qui soient parvenus jusqu'à nous? Baucé figure dans le testament de saint Bertrand, évêque du Mans, daté de 616 : *Reicola illa quæ est super Ledo fluvium, nomine Bauciallo.* Que les moines savaient donc bien choisir l'emplacement de leurs prieurés! Celui-ci attenait au bourg, et cependant était à l'écart : tous les avantages!

En reprenant le chemin de la sortie, nous repassons devant le mur du fond du prieuré, et nous nous demandons comment faisait le prieur, sa maison tournant le dos à sa chapelle et à son prieuré. Était-il donc obligé de sortir dans la rue? Non, dans ce mur du fond existait une large ouverture, donnant accès à un perron qui déroulait majestueusement ses quatorze marches, et c'est tout à fait inédit.

Nous voici dans la rue. Laissez-moi vous montrer, juste en face de la porte, dans le mur du voisin taillé en pan coupé, trois meurtrières, plus visibles encore à l'intérieur. *Bon vieux temps,* où l'on ne pouvait sortir de chez soi sans risquer de recevoir, suivant les époques, une flèche, un carreau d'arbalète, une balle de mousquet, je te retrouverai donc partout?

Puisque nous sommes dans ce vieux bourg, restons-y! La rue Saint-Gilles tourne à angle droit, va rejoindre, à peu près en ligne droite, la route de la rive gauche. Une autre ruelle côtoie les murs du prieuré et finit par remonter en droiture à la route. En y arrivant, un écriteau vous apprend que la rue s'appelle « rue de la Baleine ». Rabelais s'en serait pourléché; mais je crois qu'il faudrait écrire « rue de la Balène », berceau, ou couverture qui le garnit.

Juste au pied du château, parallèle aux deux rues précédentes, une troisième débouche sur la route, la rue Putet. Il ne s'agit pas de puits, *putei,* mais d'habitantes dont la profession faisait donner à leur rue à Tours le nom de rue Chaude. Allons! le bourg était bien complet!

1921-1922.

DU ROI QUI FIT COUPER LA
FORÊT DE GATINES ET DE LA
DATE DE CETTE COUPE.

Du Roi qui fit couper la forêt
de Gâtines et de la date
de cette coupe.

Escoute, bucheron, arreste un peu le bras :
Ce ne sont pas des bois que tu jettes à bas,
Ne vois-tu pas *le sang* lequel degoute à force,
Des Nymphes qui vivoyent dessous la dure escorce?
Sacrilege meurtrier, si on pend *un voleur*
Pour piller un butin de bien peu de valeur,
Combien de feux, de fers, de morts et de destresses
Merites-tu, meschant, pour *tuer des Deesses?*

Depuis plus de trois siècles, les commentateurs de cette élégie, devenue l'ornement des anthologies, sont d'accord pour déclarer que le « buscheron de la forest de Gastine » ne faisait qu'exécuter l'ordre que lui avait donné un roi, et aussi pour affirmer que cet éreintement — vraiment royal — s'adressait bien plus au roi qu'au bûcheron.

Ces deux points me paraissent acquis : mais je

viens démolir un troisième, qui paraissait également acquis, à savoir l'identification du roi qui ordonna la coupe et qui reçut une si belle volée de bois... qui ne pouvait être que vert.

C'est le roi de France Charles IX, qui, depuis plus de trois siècles, endosse la coupe et la volée.

Pouvait-il en être autrement? Dès 1586, quelques mois seulement après la mort de Ronsard, Claude Binet, son ami intime bien que tardif, publiait son *Discours de la vie de Pierre de Ronsard*, dans lequel on trouve la catégorique affirmation suivante :

« Le Roy Charles... trouvoit tellement bon ce qui venoit de sa part, que mesmes il luy permist ou plustost l'incita d'escrire des satyres... s'offrant mesmes à n'en estre exempt, s'il voyoit qu'il y eust chose à reprendre en luy, *comme de fait il fit* en la satyre de la *Dryade violée,* où *il reprenoit aigrement le Roy* et ceux qui gouvernoient lors de *l'aliénation du domaine* et *d'avoir fait vendre la coupe* de la forest de Gastine, laquelle il avoit consacrée aux Muses. »

C'est bien à un roi qu'appartenait la forêt de Gâtines, mais ce roi s'appelait Henry de Navarre, et il en était propriétaire parce qu'il était duc de Vendôme depuis 1562. C'est lui qui l'a vendue, en 1573, pour commencer à payer, avec le patrimoine de son père, les dettes contractées par sa mère après son veuvage.

En voici la preuve, autrement sûre que les racontars de Binet :

« Extrait du Trésor de Pau, Archives du château de Henri IV, par Gustave Bascle de Lagrèze », reproduit par M. de Rochambeau, à titre de document, à la fin de son ouvrage *Antoine de Bourbon et Jehanne d'Albret* (in-8°, Vendôme, 1879, p. 226).

« 1573. Points traités à Vendôme touchant la vente de la forest de Gastines, *appartenant au Roy* (Henry IV était roi de Navarre depuis la mort de sa mère, 9 juin 1572).

« Résolution du *Conseil de Vendôme,* pour vendre ladite forêt.

« Arpentage de ladite forêt de Gastine et autres pièces de 1573.

« Résolution du *Conseil du roi de Navarre à Vendôme,* pour la vente de la forêt de Gastine. »

D'ailleurs, si Binet n'eût interposé d'avance son autorité de suprême confident du poète, ne se serait-il pas trouvé un scoliaste capable de lire la pièce elle-même, et de remarquer que la collection d'anathèmes qui forme son début ne pouvait s'appliquer à un roi de France :

> Quiconque aura premier la main embesongnée
> A te couper, forest, d'une dure congnée,
> Qu'il puisse s'enferrer de son propre baston
> Et sente en l'estomac la faim d'Erisichthon...
> Ainsi puisse *engloutir ses rentes et sa terre*
> Et se devore aprés *par les dents de la guerre.*
> Qu'il puisse, pour vanger le sang de nos forests,
> Tousjours *nouveaux emprunts* sur *nouveaux interests*
> *Devoir à l'usurier,* et qu'en fin *il consomme*
> *Tout son bien* à *payer la principale somme.*

Ce n'est pas là une vaine prosopopée, et c'est autre chose qu'une imitation de l'ode XIII du livre II d'Horace. C'est le portrait fidèle, bien qu'un peu prématuré, des embarras pécuniaires dans lesquels le jeune roi de Navarre ne devait pas cesser de se débattre. Ah! les malédictions d'un poète sont terribles!

Mais pourquoi cette élégie, composée évidemment dès 1573, n'a-t-elle été publiée par Ronsard qu'en 1584, dans l'édition complète de ses œuvres?

Je n'en sais rien encore, et, comme je répugne à me satisfaire de conjectures, je n'en ferai point, préférant demander à plus savant que moi la réponse à la question que je pose.

1907.

TABLES

TABLE DES GRAVURES

TABLE DES MATIÈRES

6333. — Impr. A. Lemerre, 6, rue des Bergers, Paris.

www.ingramcontent.com/pod-product-compliance
Lightning Source LLC
LaVergne TN
LVHW010952180726
843502LV00004B/1165